스마트폰 잘 쓸 준비 됐니?

온라인 예절부터 자기 조절력까지
어린이를 위한 디지털 리터러시 워크북

명랑한 책방

Mindful Kids: Online Offline!
ⓒ 2020 Studio Press
Written by Dr. Sharie Coombes
Illustrated by Katie Abey
All rights reserved.

First published in the UK in 2020 by Studio Press, an imprint of Bonnier Books UK,
The Plaza, 535 King's Road, London SW10 0SZ Owned by Bonnier Books.
This Korean edition was published by Jolly Books in 2023 by arrangement with Studio Press, an imprint of Bonnier Books UK.

이 책의 한국어판 저작권은 저작권자와 독점 계약한 명랑한 책방에 있습니다.

스마트폰 잘 쓸 준비 됐니? (마음이 단단한 어린이 4)

: 온라인 예절부터 자기 조절력까지 어린이를 위한 디지털 리터러시 워크북

초판 1쇄 인쇄 2023년 8월 20일
초판 2쇄 발행 2025년 7월 21일

글 샤리 쿰스 | **그림** 케이티 어베이 | **옮김** 정수진
부모 가이드북 글 이다랑&이혜린(그로잉맘)
편집 공은주, 신대리라 | **제작** 357제작소

펴낸이 공은주 | **펴낸곳** 명랑한 책방 | **출판등록** 2017년 4월 21일 제 2017-000011호
전화 010-5904-0494 | **이메일** thejollybooks@gmail.com
인스타그램 jolly.books.official | **웹사이트** smartstore.naver.com/jollybooks

ISBN 979-11-91568-12-7 (74180)
ISBN 979-11-965164-6-8 (세트)

* 이 책은 저작권법에 따라 한국에서 보호를 받는 저작물이므로 무단 전재와 무단 복제를 금지하며,
  이 책 내용의 전부 또는 일부를 이용하려면 반드시 저작권자와 명랑한 책방의 서면 동의를 받아야 합니다.
* 값은 뒤표지에 있습니다.
* 잘못된 책은 구입한 곳에서 바꾸어 드립니다.

스마트폰 잘 쓸 준비 됐니?

이 책은 건강하고 안전하게 온라인 세상을 탐험하는

_____의 것입니다.

명랑한 책방

건강하고 안전한 온라인 세상에 오신 것을 환영합니다.

디지털 세상은 정말 신나는 곳이에요.
요즘 가장 인기 있는 춤부터 천체물리학까지 정보와 지식, 배울 거리,
할 거리가 넘쳐나거든요. 이미 우리 생활의 일부가 되었지요.

<스마트폰 잘 쓸 준비 됐니?>는 여러분이 온라인 세상과 오프라인
세상에서 균형을 유지하며, 안전하고 건강하게 지낼 수 있도록 도와줄 거예요.
책 속의 다양한 활동을 하다 보면 여러분이 온라인에서 겪은 일을 더 잘 이해할
수 있답니다.

지은이
샤리 쿰스 박사
아동 및 가족 심리치료 전문가

문제가 생겼을 때 어떻게 해야 할지 배울 수 있고 만약 여러분이 원한다면 다른 사람에게 솔직히 이야기할 수 있어요. 더불어 자신감과 독립심도 키우고, 배경지식도 쌓을 수 있답니다.

앉기만 해도 긴장이 풀리는, 편안한 곳에서 책을 펼치세요. 여러분이 원하는 활동부터 해도 좋아요. 하루에 한 쪽씩 해도, 여러 활동을 한 번에 끝내도 괜찮아요. 아무 페이지나 원하는 대로 색칠하고 마음대로 가지고 노는 거예요! 마음에 드는 활동을 반복해서 하는 건 어때요?

살다 보면 때때로 어려움을 겪기도 해요. 어쩌면 날 도와줄 사람이 아무도 없다고 느낄지도 모르지요. 하지만 모든 문제에는 반드시 해결책이 있어요. 도저히 이야기할 수 없거나 해결할 수 없을 만큼 엄청나고 끔찍한 문제란 없어요. 설령 그렇게 느껴지더라도 말이에요. 부모님이나 선생님처럼 믿을 수 있는 어른에게 이야기하고 도움을 청해야 해요.

만약 여러분이 온라인 세상에서 해결하기 어려운 문제를 맞닥뜨리게 되면, 책을 주변에 보여 주며 여러분의 상황과 기분을 설명하세요. 그리고 문제를 해결할 수 있도록 도움을 요청하세요.

누구나 가끔은 도움이 필요해요. 하지만 아는 사람에게는 이야기하고 싶지 않을 때가 있지요. 아래 소개한 단체는 바로 그때 여러분을 도울 수 있는 곳이랍니다. 상상할 수 있는 거의 모든 문제에 대해 수천 명의 친구들을 도왔기 때문에 분명 여러분을 도울 방법도 찾을 수 있을 거예요.

사이버 폭력을 당했다면 117로 전화하거나 #0117로 문자를 보내서 도움을 받을 수 있어요.

위(Wee) 클래스

학교 안에 설치된 상담실로 다양한 고민을 상담 선생님과 함께 나눌 수 있는 소통 공간이에요. 초등학생이라면 누구나 무료로 평일(월~금) 9시~18시에 이용할 수 있어요. wee.go.kr에서 비공개 온라인 상담도 받을 수 있어요.

1388 청소년 사이버 상담센터

사이버 폭력뿐 아니라 학업과 진로, 친구 관계, 가족 문제 등 여러 고민을 직접 상담할 수 있어요.

* 전화 상담: (휴대 전화) 지역 번호+1388
* 온라인 상담: cyber1388.kr에서 게시판 상담 혹은 1:1 채팅 상담 가능
* 카카오톡 상담: 카카오톡 플러스 친구에서 #1388과 친구 맺기 후 상담 가능
* 문자 상담: #1388로 고민 전송

'다들어줄개' 청소년 모바일 상담 센터

여러분의 고민을 듣고 다독여 줄 '다들어줄개' 상담 선생님이 365일 24시간 기다리고 있어요. 가족이나 친구, 선생님에게도 말 못 할 고민이 있다면, 아래의 방법으로 무료 상담을 받아 보세요. (teentalk.or.kr)

* 앱 상담: '다들어줄개' 애플리케이션에서 회원가입 후 상담 가능
* 카카오톡 상담: '다들어줄개' 플러스친구 추가 후 상담 가능
* 문자 상담: 1661-5004번으로 고민 전송

온라인과 오프라인, 둘 다 중요해!

디지털 세상은 우리 삶을 완전히 바꿔놓았어. 우리 뇌도 디지털의 매력에 푹 빠지게 됐지. 원래 우리 뇌는 태어나면서부터 사람들과 상호작용하고, 배우고, 이런저런 시도를 하고, 나를 드러낼 수 있는 방법을 찾으려고 해. 뇌가 원하는 활동을 디지털 기술이 딱 맞게 채워준 거지.

그러니 디지털 기기를 갖고 놀면 재미있을 수밖에!

하지만 우리 뇌는 가족이나 친구들을 직접 만나며 함께하는 시간도 필요해.

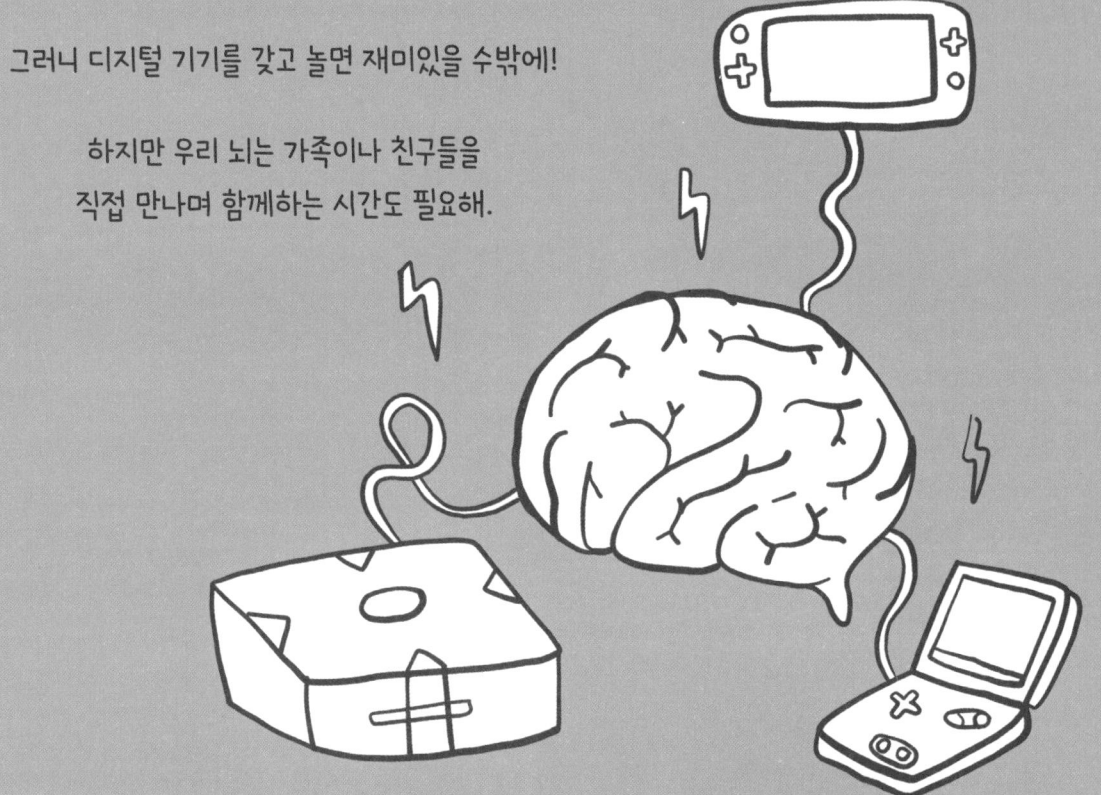

만약 온라인 세상을 너무 오래 즐긴다면 어떻게 될까? 맞아, 지나치게 빠져들어서 오프라인 상태로 돌아오기 어려워. 그래서 '이제 그만 하는 게 어때?'라는 말을 들으면 기분이 나빠지거나 화가 나는 거지.

친구들은 모두 온라인인데 나만 오프라인이면 뭔가 중요한 걸 놓칠까 불안할 수도 있어. 하지만 우리 뇌가 제대로 기능하고 건강을 유지하려면 적당한 휴식이 필요해. 항상 긴장한 상태라면 얼마나 피곤하겠어!

우리 함께 이 책을 읽으며 온라인과 오프라인 사이에서 적당한 균형을 찾아보는 건 어때? 디지털 세상에서뿐 아니라 실제 생활에서도 즐겁게 지낼 수 있을 거야.

너를 도와줄 친절한 로봇 가이드를 소개할게. 디지털 세상을 건강하게 즐기는 방법을 알려줄 '온라인-봇'과 '오프라인-봇'이야. 온라인-봇은 인터넷을 하면서 디지털 세계를 탐험하길 좋아해. 오프라인-봇은 실제 생활에서 이루어지는 활동을 좋아하지. 이 둘은 단짝이야. 서로가 서로에게, 또 우리 행복에 얼마나 중요한지 잘 알고 있거든. 두 친구에게 이름을 지어주고, 명찰에 적어 봐. 앞으로 이 친구들을 만나면 색칠하고 이름도 적어 주자!

책에서 아이콘을 찾아봐! 모두 모으면 나만의 특별한 수료증을 얻을 수 있어.
수료증은 우리가 건강하게 디지털 세상을 즐길 준비가 되었단 증거야!

아이디 :

아이디 :

온라인-봇

오프라인-봇

프로필 만들기

온라인에서 자주 사용하는 아이디가 있니?
아직 없다면 만들어 보자. 실제 이름 대신 별명이나
네가 좋아하는 것의 이름을 쓰면 돼.

아이디 .... 나이 ....

온라인-봇 이름 .... 오프라인-봇 이름 ....

자기소개 ....

....

네 얼굴을 그리거나
사진을 붙여서 꾸며 줘.

다른 사람들은 모르는, 너에 대한 흥미로운 사실을 써 보자.

온라인-봇과 오프라인-봇에게 네가 무엇을 좋아하는지 알려 줘.
아래 상자에 마음 가는 대로 적어 봐.

인터넷을 하지 않을 때는
뭘 하는 걸 제일 좋아해?

좋아하는 기기나 웹사이트,
애플리케이션은 뭐야?

이제 출발!

다양하고 흥미로운 활동을 하다 보면
디지털 세상을 탐험하는 데 필요한 지식과 도구를 얻을 수 있어.
동시에 특별한 아이콘도 모을 수 있지!
활동을 하다 보면 여러 아이콘을 만나게 될 거야.
잘라서 여기에 붙이거나 아이콘에 색칠해 줘.
모두 모으면 너만의 특별한 수료증을 받을 수 있어!

아이콘을 붙이기 전에, 배운 내용을 떠올려 보고
필요한 능력을 갖추었는지 생각해 봐.
그래야 안전하고 행복하게, 또 건강하게
디지털 세상을 즐길 수 있어.

요가

온라인 평판

책임감

친절함

소셜 미디어(SNS)

보호자

사이버 폭력

개인 정보

심호흡

재부팅	웰빙	뇌 건강	가족
		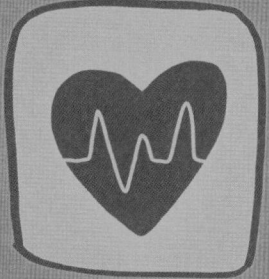	
보안	상호 작용	운동	허락
		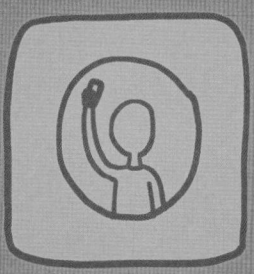	
스팸	오프라인	도움 요청	사이버 안전
	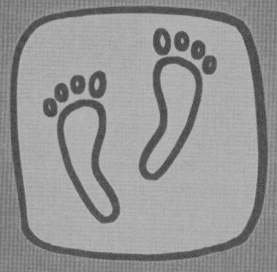	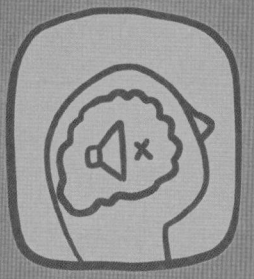	
영향력	디지털 흔적	마음챙김	자연

월드와이드웹
(WorldWideWeb)

온라인-봇이 인터넷과 연결이 끊겼어!
온라인-봇이 다시 디지털 여행을 떠날 수 있게 해 주자! 연필을 떼지 말고 자유롭게 선을 그려서 디지털 기기와 서비스를 모두 연결해 줘.

페이지를 최대한 가득 채워 봐.

연결한 선 안쪽을 색칠하자.
아무 의미 없어 보여도 선을 모으고 색칠하면
특별한 모양이 될 수도 있어. 어때?
세상은 정말 많은 디지털 기기로 연결되어 있지?

온라인 평판

평판이란 너의 행동이나 남을 대하는 너의 태도를 보고 다른 사람들이 너에 대해 갖는 느낌을 말해.

온라인 평판은 인터넷을 이용하는 네 행동에 달려 있어. 오늘 네가 한 행동과 말이 어른이 되어서도 계속 온라인에 남아 있을 수 있기 때문이야.

가족에게 보여 주고 싶지 않거나 가족이 몰랐으면 하는 말은 인터넷 공간에서 쓰거나, 공유하거나, 보내면 안 돼.

분위기에 휩쓸려 온라인에서 다른 사람을 괴롭히거나, 겁주거나, 기분 나쁘게 만들면 안 돼.

어떻게 하면 좋은 평판을 얻을 수 있을지 그림이나 글로 표현해 봐.

너는 어떤 평가를 받고 싶니?

네 얼굴을 그려 봐.

더 하고 싶은 말이 있니?

잘 모르고 실수했어도 아이콘을 얻고 새롭게 시작하면 되니까 괜찮아. 과거의 일이나 지금 겪는 일 때문에 걱정이 된다면 믿을 수 있는 어른에게 도움을 요청하거나 앞에서 소개한 상담 센터에 연락하는 것도 좋은 방법이야.

온라인 평판 아이콘 발견!

온라인 세상에서는 말과 행동을 항상 조심해야 해.

직접 마주 본다면

채팅이나 온라인 게임을 할 때도 상대방과 얼굴을 맞대고 말할 때처럼 똑같이 예의를 지켜야 해.

온라인에서 남에게 했던 말 중에 직접 마주 보고서는 하지 않았을 말이 있다면 빈 곳에 적어 봐.

좋은 온라인 평판을 얻기 위해 어떻게 할 것인지, 나의 다짐을 적어 보렴.

온라인 평판은 지금도, 앞으로도
정말 중요하다는 걸 꼭 기억하렴. 온라인에서 다른 사람이 너에게 했던 말 중에
직접 마주 보고서는 절대 하지 않았을
말이 있다면 빈 곳에 적어 봐.

온라인에서 상대방을 괴롭히거나(사이버 폭력이라고 해), 개인 정보를 훔치는 사람에게서 어린이를 보호하는 법이 있어. 만약 문제가 생겼다면 바로 도움을 요청해야 해. 널 도울 수 있는 기관도 많다는 걸 잊지 마.

빙산의 일각

많은 사람이 소셜 미디어에 자기 일상에 대한 글이나 사진을 올려. 하지만 보이는 것 너머 실제 삶 속에는 훨씬 더 많은 일이 일어나고 있다는 걸 잊으면 안 돼.

눈에 보이는 빙산 아래에는 무엇이 숨겨져 있을까?

주변 사람들에게 뽐내고 싶은 게 있지? 오프라인-봇에게 알려 줘. 빙산 윗부분에 적으면 돼.

취미, 학교, 스포츠, 친구, 가족, 반려동물, 소중한 것이나 네가 이룬 것이라면 무엇이든 좋아.

앞서 적은 자랑거리를 위해 어떤 노력을 하고 있는지 빙산 아랫부분에 글이나 그림으로 표현해 봐.

연습, 훈련, 정리 정돈, 숙제, 인내, 새로운 것 배우기, 포기해야만 했던 것들… 이런 것들을 적으면 돼.

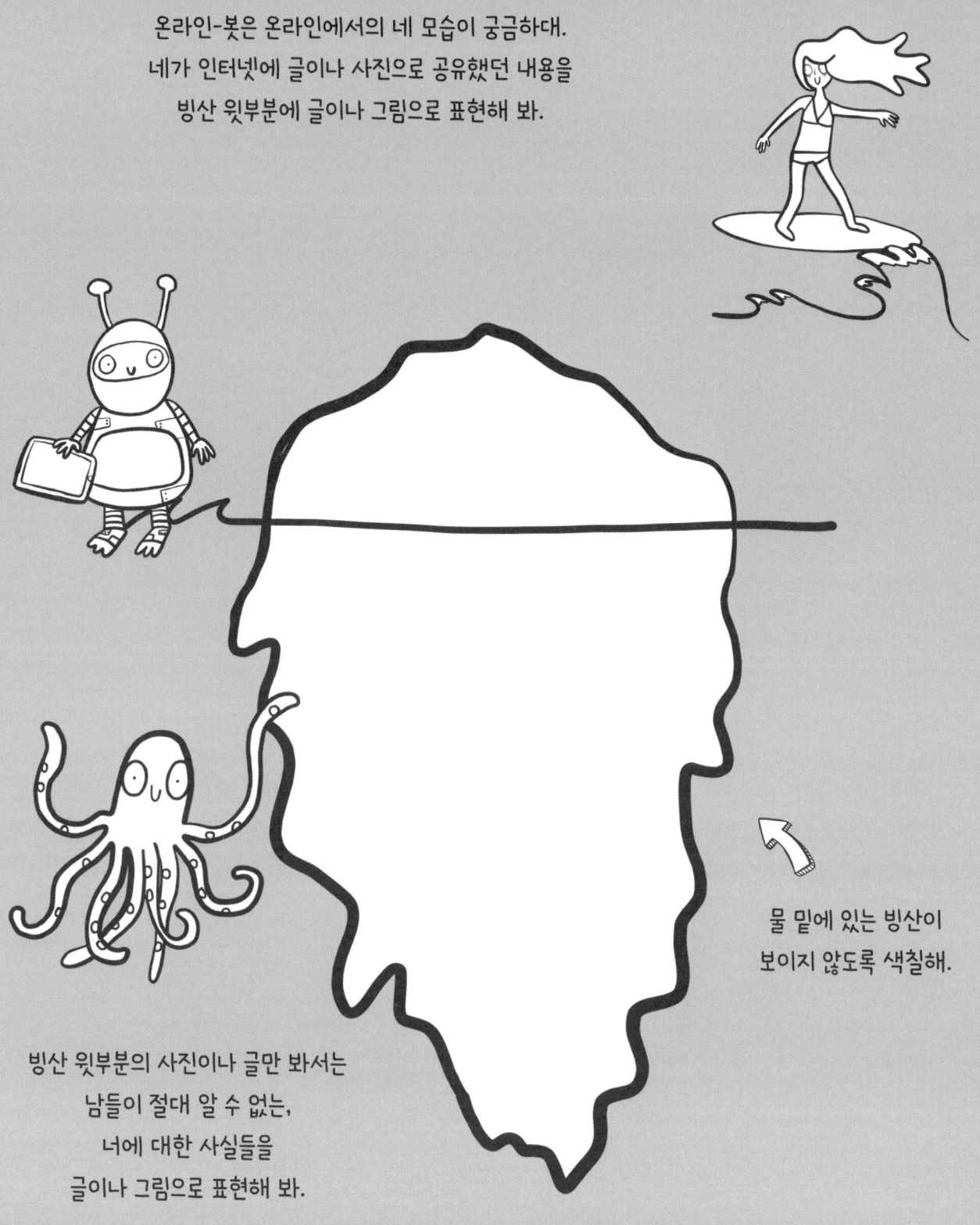

색칠해

인터넷 세상이나 실제 생활에서나 친절한 태도는 항상 중요해.
말로 하든 글로 쓰든 타이핑하든,
'말'에는 강력한 힘이 있다는 걸 꼭 기억하렴.

무엇이든 할 수 있는 세상에서는, 항상 친절할 것

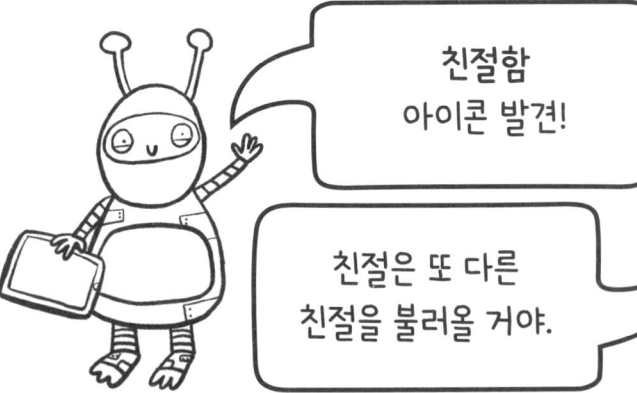

스팸

인터넷을 하다 보면 불편한 메일이나 메시지를 받을 때가 있어.
이럴 땐 휴지통에 버리고 신경 쓰지 마.
만약 정말 심각한 내용이라면 '신고' 버튼을 눌러 웹사이트에 신고해.

기분이 나빴던 스팸을
받아본 적 있었니?
아래 휴지통에 적고,
뚜껑을 닫아 버리자.

그때 기분이 어땠는지,
어떻게 처리하면 좋을지 믿을 수 있는
어른과 이야기를 나눠 봐.

스팸
아이콘 발견!

불쾌한 메일이나
메시지는 빨리 신고하자!

너그러운   상냥한   잘 도와주는   사려 깊은

#나

너의 좋은 점을 해시태그를 달아 표현해 보자.

글씨 모양이 엉망이어도 괜찮아.
대단하거나 사소한 내용도 모두 적어 줘.
너답게 쓰는 거야!

조용한   자신감 있는   창의적인   활발한

#주변 사람들

여기에는 가족과 친구들의 특징 중에서
네가 좋아하는 점을 적어 봐.

이름을 함께 써도 좋아.

개인 정보 보호

인터넷을 이용할 때 절대로 다른 사람에게 개인 정보를 알려 주면 안 돼.
너와 친구들의 개인 정보는 반드시 보호해야 해.

잘 모르는 사람이 너의 정보를 나쁜 목적으로 사용할 수도 있어.

개인 정보란 나에 대해 알 수 있는 모든 정보를 뜻해. 이름, 주소, 전화번호, 학교, 학원, 사는 동네, 가족에 대한 것까지 모든 게 개인 정보야. 온라인상에서 너의 개인 정보를 절대 누군가에게 알려 주면 안 돼.

온라인-봇이 인터넷을 안전하게 이용할 수 있도록 도와주자.

소셜 미디어(SNS)를 이용하거나 모르는 사람과 이야기할 때 개인 정보를 가릴 수 있도록, 옆 페이지의 가면을 꾸미자.

개인 정보 아이콘 발견!

지키자! 너와 나의 개인 정보!

블로거가 되자!

사람들에게 알리거나
꼭 하고 싶은 이야기가 있다면,
글을 쓰거나 그림을 그려서
스토리보드를 만들어 봐.

블로그나 브이로그에
"한번 도전해 볼까?" 하고
생각한 적이 있니?

네가 꼭 전하고 싶은 이야기는 무엇이니?
사람들이 꼭 알았으면 하는 내용과
이를 효과적으로 전달하는 방법에 대해
함께 고민해 보자.

다 됐다면 촬영을 시작해!

준비됐지? 액션!

1	2	3
4	5	

어떤 영상이든
공개된 곳에 올릴 때는
부모님께 먼저
확인받자!

틱톡!

친구와 함께하는 댄스 타임!

준비물

- 음악
- 타이머
- 같이 춤을 출 친구 또는 혼자 춤출 수 있는 용기

네 안의 댄스 본능을 깨울 음악을 고르고 10분 동안 춤을 추자!
이번에는 온라인-봇이 되었다고 생각하고
로봇처럼 춤을 추는 거야.

촬영보다 중요한 건 바로 신나게 춤추기!

긴장을 풀어 주는 호흡법

인터넷을 하다 스트레스를 받기도 해. 뇌가 처리할 수 있는 양보다 더 많이, 더 오래 자극받으면 특히 그렇지.
또 기분 나쁜 걸 보거나 들을 때, 이제 그만하라는 말을 들을 때도 스트레스를 받을 수 있어.

긴장을 풀어 주는 호흡법으로 평온함을 찾자.

심호흡은 뇌가 스트레스 상황을 벗어나
오프라인 상태로 돌아오도록 도와주는 훌륭한 도구야.

조용한 곳으로 가서 편안하게 앉아. 네 방이나 조용한 바깥 공간도 좋아.
숨 쉬는 것에만 집중해. 들숨에는 평온함을 마시고,
날숨에는 온라인상에서 얻은 피로감을 내뱉는다고 생각해.

3:5 호흡법

3초 동안 숨을 들이마시고 5초 동안 내쉬어.
편안하게 느껴질 때까지 반복해. 잠시 후면 어깨가 따뜻해지고
부드러워지는 느낌이 들면서 긴장이 풀릴 거야.

편하게 호흡하면서 다음과 같은 주제로 그림을 그리거나 글을 쓰거나 생각을 해 봐.

들리는 것 세 가지	보이는 것 세 가지	느껴지는 것 세 가지

세모 호흡법

1. 삼각형을 따라 손가락을 움직이며 숨을 들이마셔.
2. 손가락을 움직이면서 숨을 잠시 멈추고 미소를 지어.
3. 다시 손가락을 움직이면서 숨을 내쉬어.

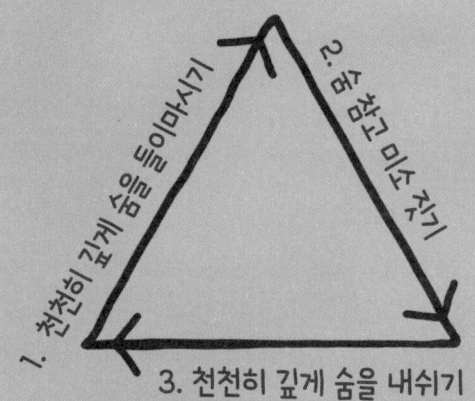

하고 싶은 만큼 여러 번 반복해. 삼각형은 손바닥, 책상, 무릎, 또는 그리고 싶은 곳 아무 데나 그려도 괜찮아.
숨을 내쉴 때는 들이마실 때보다 길게 내쉬렴.

화면 속 나만의 세상

스마트폰의 바탕화면을
멋지게 꾸며 볼까?
네가 원하는 그림, 색깔, 모양까지
어떤 디자인이든 다 좋아!
그림 속 바탕화면을 색칠하거나
너만의 바탕화면을
꾸미자!

네가 꾸민 바탕화면을
사진으로 찍어서
실제 바탕화면으로 쓰는 건 어때?

가족이나 친구들에게 보내
바탕화면으로 사용하라고
할 수도 있어.

서명도 잊지 말자!

로봇과 함께 요가

온라인-봇과 오프라인-봇에게 요가를 가르쳐 주자. 로봇도 휴식이 필요해.
바쁜 디지털 세상에서 건강하게 지낼 수 있도록 도와주자.
요가는 마음을 재충전하고 온라인 생활에 지친 몸을 회복하는 데 매우 효과적이야.
요가 자세를 취하는 동안, 또 다음 자세로 넘어갈 때
아주 천천히, 깊게 호흡하는 것이 중요해.

힘든 자세를 할 때 숨을 내쉬면 훨씬 편할 거야.

충전 자세
(산 자세)

발을 살짝 벌리고 몸무게가 두 발에 골고루 실리도록 균형을 잡고 똑바로 서.

팔은 자연스럽게 내리고 손가락은 가볍게 벌리자.

숨을 깊게 들이마시고 내쉬면서 할 수 있는 만큼 자세를 유지해.

의자 자세

충전 자세에서 발을 엉덩이 너비로 살짝 벌려.
무릎은 굽히고 양팔은 어깨너비로 벌린 다음 위로 쭉 뻗어.

천천히 심호흡하며 자세를 유지해.

힘이 들면 다시 충전 자세로 돌아와.

다운로드 자세
(다운 독 자세)

팔은 앞으로 쭉 뻗고 손바닥은 바닥을 누르듯이 평평하게 내려놔.

다리는 하나씩 뒤로 보내고, 엉덩이를 하늘 높이 들어.
무릎을 살짝 구부렸다가 펼 수 있을 때 펴도 괜찮아.

머리는 숙이고 심호흡도 잊으면 안 돼!

충분히 자세를 취한 다음에는 무릎을 구부리고 두 팔을 뒤쪽으로 보내.
가볍게 앉아서 다리를 앞으로 쭉 뻗어.

백업 자세
(보트 자세)

앉은 채로 등을 쭉 펴고 다리는 구부려.
뒤로 살짝 기댄 다음, 팔을 어깨너비로 벌려 앞으로 뻗어.
손가락도 쫙 벌리자.

엉덩이로 중심을 잡고 천천히 다리를 뻗으며 바닥에서 들어 올려.
등은 곧게 펴고 배에 힘을 줘야 해.

충분히 자세를 취한 다음에는 다리와
손을 내리고 누워서 심호흡해.

요가
아이콘 발견!

몸과 마음의
평안을 찾자.

나 - 이모티콘

동그라미 안에 나를 표현하는 이모티콘을 그려 봐! 아래에는 이모티콘의 뜻을 적어 줘. 사진을 찍어서 직접 사용하거나 가족, 친구들에게 보내주면 어떨까?

새로 만드는 대신 네가 가장 좋아하는 이모티콘을 그려도 괜찮아!

언제나 친절하게!

너는 어떤 친구니? 온라인과 실제 생활에서 말과 행동이 같니?

가족이나 친구들에게 전하고 싶은 메시지를 아래에 적어 봐. 상대방이 도와준 일에 대해 고맙다고 인사하거나, 아니면 그저 함께하는 것만으로도 행복하다고 말이야.

여기 적은 메시지를 보여 주거나 네 디지털 기기로 진짜 메시지를 보내자.

잘 꾸민 진열창

사람들은 자랑스러운 성취, 잘 나온 사진, 기억하고 싶은 멋진 순간, 좋아하는 물건 등을 보여 주고 싶어 해. 누구나 감탄할 수 있도록 멋지게 보이고 싶어 하고 삶의 일부를 공유하면서 행복을 느끼기도 하지.

소셜 미디어는 마치 멋지게 꾸민 가게 진열창 같아.

글이나 그림, 사진으로 너만의 완벽한 진열창을 만들어봐. 네 삶에서 감사하게 여기는 것들을 전시하는 거야.

소셜 미디어(SNS) 아이콘 발견!

좋은 면도 좋지 않은 면도 전부 너야.

이번엔 최악의 실수, 이루지 못한 목표, 실망스러웠던 일, 엄청나게 후회했던 일, 창피했던 옷차림과 세상에서 제일 못 나온 사진으로 꾸며 볼까? 우리 삶은 완벽하지 않아. 늘 행복하거나, 멋진 일만 있거나, 일이 전부 잘 풀리는 건 아니야. 앞으로 누군가 완벽한 삶을 사는 것처럼 글을 올린다면, 보이는 것이 전부가 아니라는 걸 꼭 기억하렴.

아래 진열창은 남들에게 별로 보여 주고 싶지 않은 것들로 채워 보자.

소셜 미디어 회사들은 어린이를 보호하기 위한 연령 제한 규정을 두고 있어. 어떤 규정이 있는지, 문제가 발생했을 때 신고하는 방법은 무엇인지 꼭 알아두렴. 그리고 문제가 생기면 도움을 요청하는 것도 잊지 말고.

친구들에게 멋지게 보이고 싶은 마음은 당연한 거야. 하지만 네 진열창에도 네 삶의 전부가 드러나지 않는 것처럼, 다른 사람들 역시 남에게 보여 주지 않는 모습이 있단다.

정보의 홍수

클릭 한 번에 온갖 지식과 정보가 펼쳐지는 인터넷 세상!
그대로 복사해서 쓰고 싶은 유혹이 들 때가 있지?
하지만 이렇게 복사해서 사용할 때는
네가 직접 쓴 것처럼 하면 안 돼.

남이 만든 것을 그대로 가져다 쓰는 걸 '표절'이라고 해. 다른 사람이 올린 정보를 네가 이해한 대로 표현하는 건 괜찮아. 음악, 미술, 글, 사진 등 다른 사람들의 창의적인 작품을 보호하기 위한 법도 있으니까 참고하길.

꼭 기억해. 인터넷 속의 정보가
항상 믿을만한 건 아니야.
그러니 정보를 활용하기 전에
신뢰할 수 있는 것인지
확인해야 해.

네가 좋아하는 주제로 검색을 해 봐.
스포츠, 음식, 취미, 역사 등 무엇이든 좋아.

검색한 정보의 출처가 믿을 만한지 확인하고,
검색한 내용을 네가 이해한 대로
다시 표현해 보자.

책임감
아이콘 발견!

얻은 정보를
그대로 쓰지 말 것!

디지털 보호자

인터넷을 하다가 문제가 생기거나
기분 나쁜 일이 생겼을 때
누구에게 도와달라고 할지 미리 생각해 두자.

'디지털(digital)'이라는 단어의 '디짓(digit)'에 손가락이라는 뜻도 있대!

너나 부모님, 또 다른 어른의 손바닥 가장자리를 따라 선을 그려.
그리고 도움이 필요할 때 기댈 수 있는 사람 이름을
손 안이나 손가락 위에 적어 봐!

집, 학교, 학원 등에서 믿을 수 있는 사람을 모두 적어 볼까?

보호자 아이콘 발견!

도움의 손길은 항상 네 옆에 있어.

주변 소리에 귀 기울이기

지금 있는 곳이 소란스럽든, 조용하든, 너를 둘러싼 세상의 소리를 듣는 데 잠시 집중하자.

이건 언제든지 하고 싶을 때 할 수 있는 활동이야. 원한다면 친구나 부모님과 함께 산책하면서 할 수도 있어.

잠시 쉴 수 있는 곳을 찾아봐. 괜찮다면 신발과 양말도 벗자. 편안한 상태에서 눈을 감아.

무슨 소리인지, 어디서 나는 소리인지 알아내려 하지 말고, 그저 가만히 귀 기울여 봐. 어떤 판단도 하지 않고 그저 듣기만 하는 거야.

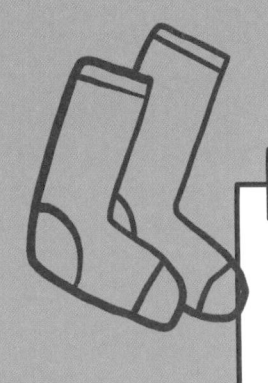

3:5 호흡법

소리를 들으며 3:5 심호흡을 해 보자. 기분 전환이 될 거야.

밖에 나갈 때는 항상 어른에게 어디 가는지 알리거나 어른과 같이 가야 해.

가로세로 낱말 퀴즈

인터넷을 하다 보면
마음에 들지 않는 글이나 영상도 만나게 돼.
온라인 세상에서도 실제 생활 속 규칙과 예절이 중요한데 말이지.
건강한 온라인 세상을 만들기 위해 필요한 것들을 떠올리면서 퀴즈를 풀어 보자.

가로 열쇠

1. 함부로 다른 사람의 ○○○○를 공유하면 안 돼.
2. ○○○○을 지나치게 사용하면 뇌 건강에 좋지 않은 영향을 미쳐.
3. 소셜 ○○○ 속 글이나 사진에서 보이는 모습이 전부는 아니야.
4. 때로는 우리 몸도 디지털 세상을 벗어나 ○○을 취해야 해.
5. 온라인 세상에서도 항상 ○○을 지켜야 해.
6. 디지털 기술로 세상의 문제를 해결하는 건 선한 ○○○을 끼치는 거야.

세로 열쇠

1. ○○○ 평판은 인터넷을 이용하는 네 말과 행동에 달려 있어.
2. ○○ 메시지나 이메일을 받으면 차단, 신고, 삭제하자.
3. 출처를 알 수 없는 애플리케이션이 설치되지 않도록 ○○ 설정을 강화하자.
4. 기분 나쁜 메시지를 받으면 ○○○에 버리자.
5. 온라인에 올리는 글과 사진은 모두 너의 ○○○ 흔적으로 남아.
6. 남이 만든 것을 그대로 가져다 쓰는 것을 ○○이라고 해.
7. 사이버 ○○을 당했을 때는 빠르게 신고해야 해.

나의 작품

네가 좋아하는 색과
너만의 상상력을 가지고
작품을 만들자.
이 입체 구조물을 마음껏 색칠해서
멋지게 만들어 줘!

디지털 흔적

너는 어떤 디지털 흔적을 남기고 있니?

온라인에 올리는 글과 사진은 모두 너의 디지털 흔적으로 남아.
이런 흔적이 네 온라인 평판의 일부가 되지.

디지털 흔적은 계속 온라인에 남기 때문에 다른 사람들이 볼 수 있어.
마치 화석처럼 오랜 시간이 지나도 남아 있다가 나중에 누군가 발견할지도 몰라.
비록 글과 사진을 지웠다고 해도, 네가 남긴 어떤 디지털 흔적들은 몇 년 후에도 여전히 찾을 수 있어.

온라인에서 하는 모든 활동과 작성한 글, 전송한 사진 등은 영원히 온라인 세상에 남는다고 봐야 해.

항상 친절하게 행동해.

부적절한 콘텐츠를 보면 신고해.

적절한 글이나 사진만 올리고 공유해.

나의 디지털 흔적

아름다운 흔적을 남기자.

네 발 가장자리를 따라 선을 그려 봐.
다른 사람에게 그려달라고 부탁해도 좋아.

온라인 세상에 아름다운 흔적을
남길 방법을 고민해 보고
발 그림 안에 생각나는 대로 적어 봐.
지금이든, 나중이든 누군가
발견하더라도 자랑스러운
흔적을 남겨야지!

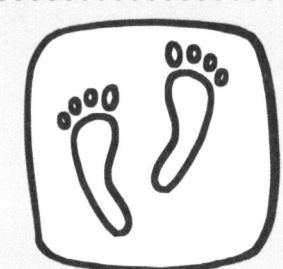

한 걸음 물러서서

디지털 기기를 갖고 노는 건 정말 재미있어.
그런데 우리 뇌와 몸, 특히 눈은 굉장히 힘들어해.

휴식을 취하면 어떨까?
우리 몸이 하는 모든 일에 감사하면서 말이야.

잠시 시간을 보낼만한 곳을 찾았니?
자리에 앉거나 서서 10분 동안 먼 곳을 보렴.
눈에도 마음에도 달콤한 휴식이 될 거야.
저 멀리에 무엇이 보이니?

멀리 보이는 것 다섯 가지를 적거나 그려 줘.

친구 또는 부모님과 산책하러 가자.

공원, 숲, 해변, 집 근처 길거리 어디든 상관없어.
주변을 둘러보고 소리에 귀 기울여 봐. 자연은 어디에나 있어.
이 책이나 공책을 들고 나가자. 연필도!

웰빙 아이콘 발견!

충분히 쉬고 재충전하자!

특별한 너!

너만의 매력을 뽐낼 시간이야.
낙서, 단어, 글이나 그림, 스티커 등 무엇이든 좋으니,
널 특별하게 하는 것들로 마음껏 꾸며 봐!

나는
특별해

CTRL+ALT+DEL*

온라인에 글을 올리거나 공유하는 건 큰 책임이 따르는 일이야. 실제 생활과 온라인에서의 평판, 디지털 흔적에까지 영향을 미치거든.

사진이나 메시지를 공유할 때는 항상 관련된 사람들의 프라이버시와 의견을 존중하고, 미리 허락받아야만 해. 모르는 사람뿐만 아니라 가족이나 친구에게도 마찬가지야.

온라인-봇이 인터넷에 뭔가를 올려서 오프라인-봇의 기분을 상하게 했대. 무슨 일이 일어난 걸까? 상상력을 발휘해서 아래 빈칸에 글이나 그림으로 표현해 봐.

 무슨 일로 오프라인-봇의 기분이 나빠진 거야?

 어떻게 해결했어?

 앞으로 어떻게 하기로 했니?

문제가 생겼을 때는 이렇게 해결하면 돼. 지울 수 있으면 지우고, 사과해야 해. 상대방과 화해하고 같은 실수를 반복하지 않는 거야.

허락 아이콘 발견!

정보 공유도 좋지만 먼저 허락을 받아야 해!

* 실수했을 때는 사과하고 다시 시작하면 돼. 제목의 재시작 단축키처럼 말이야.

로봇들의 전쟁

온라인-봇과 오프라인-봇이 네 시간과 관심을 두고 서로 싸우고 있어. 어휴, 전쟁이 따로 없다니까. 심지어 한 쪽이 다른 쪽보다 더 강하게 느껴질 때도 있어. 원래 둘은 사이좋은 친구로 잘 지내왔는데 말이야.

어찌 되었든 두 로봇은 네가 공평하게 둘을 대해 주길 바란대!

네가 좋아하는
온라인 활동을 적어 봐.

네가 좋아하는
오프라인 활동을 적어 봐.

스스로 규칙을 정하고 '온라인·오프라인 사용 헌장'을 만들자. 공평하게 시간을 보내서 더 이상 둘이 싸우지 않게 말이야. 규칙을 정할 때 친구나 어른에게 도와달라고 해도 돼. 온라인과 오프라인에서 각각 시간을 얼마나 보낼 거야? 그 시간에는 무엇을 하면 좋을까? 규칙이 잘 지켜지는지 어떻게 확인할까? 곰곰이 생각한 다음 적어 봐!

온라인·오프라인 사용 헌장

나는 다음과 같이 약속해.

헌장 아래에 온라인-봇과 오프라인-봇의 서명을 넣어 줘. 물론 너도 서명해야지!

완성한 다음에는 헌장을 오려서 자주 볼 수 있는 곳에 두자.

바이러스 조심

온라인 세상을 탐험할 때는 바이러스나 나쁜 소프트웨어를 조심해야 해. 믿을 수 있는 소프트웨어를 사용해서 보안을 지키자.

안전한 인터넷 사용, '절대지켜'로 바이러스를 막자!

절대 금지: 출처를 잘 모르거나 신뢰할 수 없는 이메일, 애플리케이션, 게임, 메시지는 클릭 금지. 다운로드도 금지!

대신 방화벽을 깔자: 항상 방화벽 사용하기

지키자, 비밀번호: 믿을 수 있는 어른이 아니면 절대 비밀번호 알려 주지 않기

켜자, 보안 설정: 어른에게 내 디지털 기기의 보안 설정을 강화해 달라고 부탁하기

누군가가 네 비밀번호를 알아내면 디지털 흔적이나 온라인 평판에 나쁜 영향을 미칠 수도 있어.

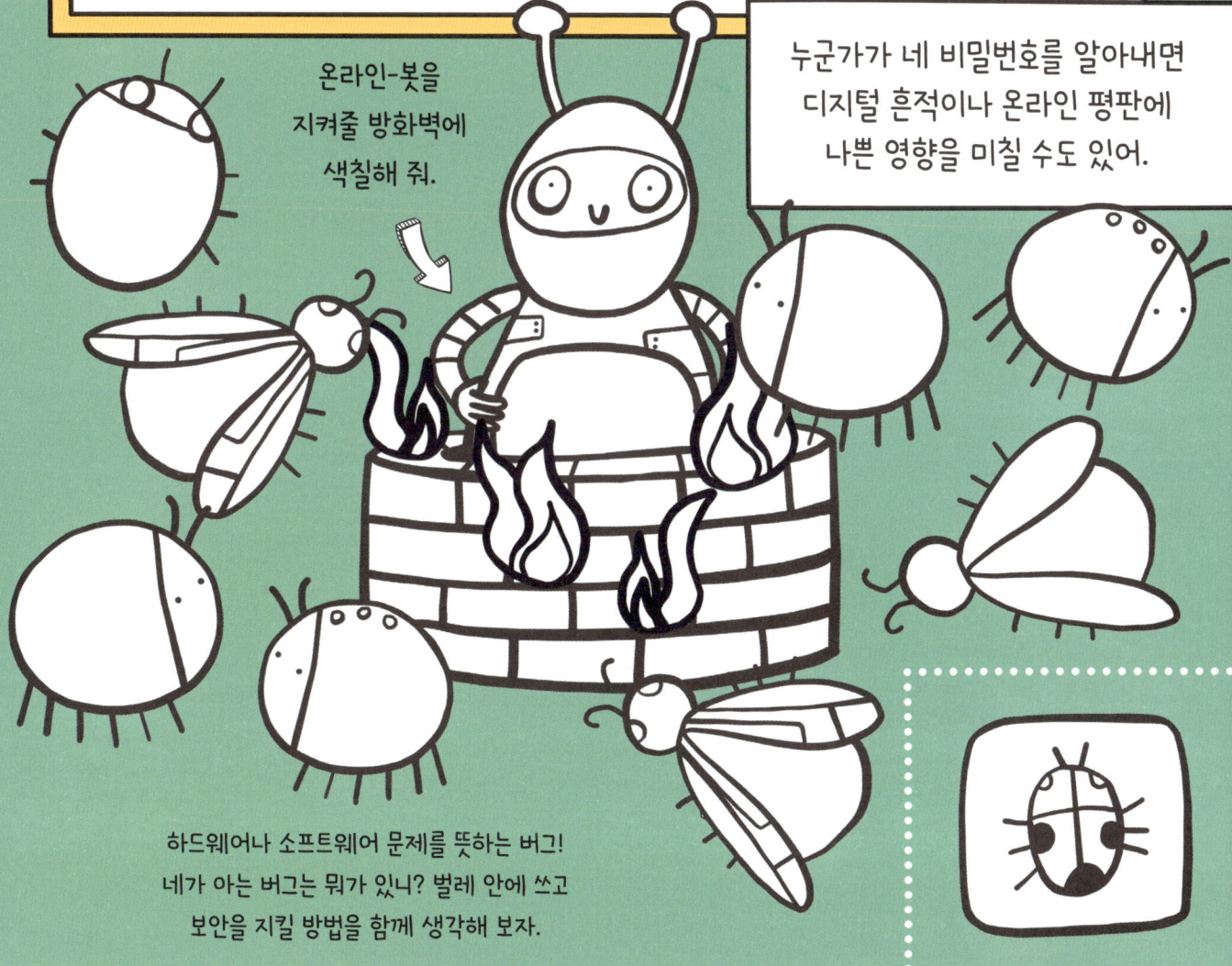

온라인-봇을 지켜줄 방화벽에 색칠해 줘.

하드웨어나 소프트웨어 문제를 뜻하는 버그! 네가 아는 버그는 뭐가 있니? 벌레 안에 쓰고 보안을 지킬 방법을 함께 생각해 보자.

피싱을 조심해!

누군가가 인터넷에서 너인 척하려고 네 개인 정보를 훔치는 걸 '피싱'이라고 해. 피싱을 하는 사람은 너에게 가짜 글, 이메일, 메시지 등을 보내거나, 겁주거나 속여서 개인 정보를 훔치려고 할 거야. 다음 원칙을 꼭 기억해!

- ☐ 아는 사람이나 공식 계정에서 보낸 메일만 읽거나 답장해야 해.
- ☐ 아는 사람이 보냈어도 링크는 함부로 클릭하지 마.
- ☐ 애플리케이션이나 이메일에 있는 링크를 클릭하기보다 직접 웹사이트를 방문해.
- ☐ 무언가를 다운로드하기 전에 어른에게 먼저 물어봐.
- ☐ 누군가가 너에게 겁을 줘서 정보를 캐내려고 하면 어른에게 꼭 이야기해.
- ☐ 추측하기 어려운 강력한 비밀번호를 사용해.
- ☐ 개인 정보를 묻는 말에 답하면 안 돼. 이름이나 사는 곳, 부모님이나 반려동물의 이름 등을 적도록 유도해도 절대 적지 마.

의심스러울 땐 절대! 클릭하지 마.

네가 누군지 알고?

낯선 사람에게 대처하는 방법은 실제 생활이나 온라인 세상에서나 마찬가지야. 누군가가 네 사진을 보내 달라고 하거나, 만나자고 하거나, 개인 정보를 알려달라고 하면 반드시 어른에게 알려야 해. 상대방이 말하지 말라고 해도 말이야!

아래 단어 찾기 퍼즐에서 사이버 안전과 관련된 단어들을 찾아봐!

경계	비밀번호
소셜미디어	안전
폭력	신뢰
가족	이메일
친구	웹사이트
채팅방	사진
클릭	메시지
신고	바이러스
온라인	

친	레	두	흘	늦	온	플	비	치	먹	웹	고	잠
구	부	울	박	하	라	전	숨	선	라	사	진	기
댄	채	팅	방	추	인	생	로	클	릭	이	난	나
다	래	까	으	남	마	지	구	반	칙	트	원	후
스	이	보	가	트	음	내	모	자	두	감	신	고
대	프	소	셜	미	디	어	이	뱃	편	치	발	타
저	뮤	씨	일	자	기	파	무	사	원	랑	정	르
행	나	안	다	석	바	이	러	스	소	알	키	정
신	받	전	너	희	은	메	동	회	항	캐	기	인
뢰	도	하	원	답	파	일	시	려	고	메	공	턱
최	상	강	가	족	면	처	붙	구	별	시	망	폭
구	왜	네	돌	하	루	아	무	전	여	지	명	력
나	경	계	살	것	언	비	밀	번	호	목	손	리

무언가 잘못 클릭해서 낯선 사람과 이야기하고 있다면 그 즉시 어른에게 이야기하렴.

사이버 안전 아이콘 발견!

안전은 나 스스로 지키는 거야.

땀이 뻘뻘 운동 시간!

어허! 또 스마트폰만 보고 있었지? 몸과 머리도 쉴 시간이 필요해!

다양한 운동이 적힌 주사위를 만들고,
주사위를 굴려 나온 대로 운동을 하자! 몸이 훨씬 개운해질 거야.

팔 벌려 뛰기

먼저 똑바로 서. 제자리에서 뛰면서
두 팔과 다리를 양쪽으로 벌려 별 모양을 만들어.
착지할 때는 발을 모으면서 차렷 자세를 취해.
다시 뛰면서 이번엔 두 팔은 머리 위로,
두 발은 처음처럼 옆으로 벌려.
계속해서 이 동작을 반복해.

팔 돌리기

똑바로 서서 두 팔을 양쪽으로 쭉 뻗어.
팔꿈치나 손목을 구부리지 않고
쭉 편 채로 천천히 원을 그려 봐.

팔 굽혀 펴기

가슴과 배를 바닥에 붙이고
엎드린 다음 다리는 쭉 뻗어.
팔을 굽혀서 손바닥을 가슴 양쪽 바닥에
닿게 해. 숨을 내쉬면서 손바닥과 발을 밀어
몸과 허벅지를 들어 올리고
숨을 들이마시면서 원래 자세로 돌아와.
일어서서 손을 벽에 대고 해도 좋아.

윗몸 일으키기

바닥에 누워서 팔로 가볍게 머리를 감싸자.
무릎은 살짝 굽히고 배의 힘을
이용해서 윗몸을 들어 올려. 익숙해지면
팔을 가슴 위에 포갠 채로 도전해 보자!

윗몸 앞으로 굽히기

바닥에 앉아서 다리를 앞으로 뻗어.
등은 똑바로 펴고 골반에서부터 몸을 접듯이
앞으로 숙여서 손가락이 발가락에 닿게 뻗어.
그런 다음 다시 똑바로 앉으면 돼.

발 엇갈려 뛰기

등을 똑바로 펴고 뛰어올랐다가
한 발을 다른 발 앞으로 교차시키면서 내려와.
다시 뛰었다가 내려올 땐 앞뒤로 발을 바꿔. 이걸 반복해!

또 다른 재미있는 운동도
검색해 봐.

일주일에 세 번은 여기에 소개한 운동을 하자.

운동을 마친 다음에는 물을 꼭 마시렴.

준비물

- 가위
- 풀 또는 테이프
- 색연필 또는 연필
- 운동할 수 있는 공간과 함께 할 친구 (혼자 해도 좋아)

아래 전개도를 잘라 주사위를 만들어.

전개도의 점선 부분을 접은 다음, 날개 부분에 풀칠해서 정육면체를 만들면 완성!

- 팔 벌려 뛰기 20회
- 팔 돌리기 30회
- 항공모함 움직이기 15회
- 점프하기 10회
- 팔 굽혀 펴기 5회
- 발 옆차기 25회

주사위를 굴려 보자.
어떤 운동을 하게 될까?

점선을 따라 자른 다음, 아래 전개도로 주사위를 만들어 봐.

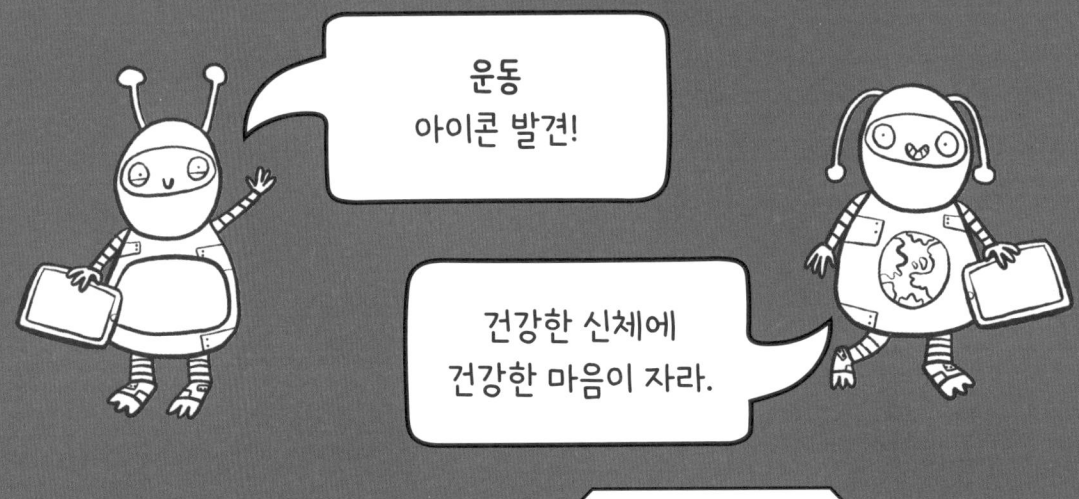

너만의 운동 습관을 만드는 건 어때? 전개도에 좋아하는 운동 이름을 써서 주사위를 만들고 운동을 하자!

서로서로 의지해

부정적이거나 상처가 되는 말을 들으면 정말 속상해. 우리는 서로에게 힘이 되어 주자!

누군가가 너를 친절히 대했거나 배려해 줬거나, 도와줬던 경험이 있을 거야. 잊기 전에 블록 인형에 적어 볼까?

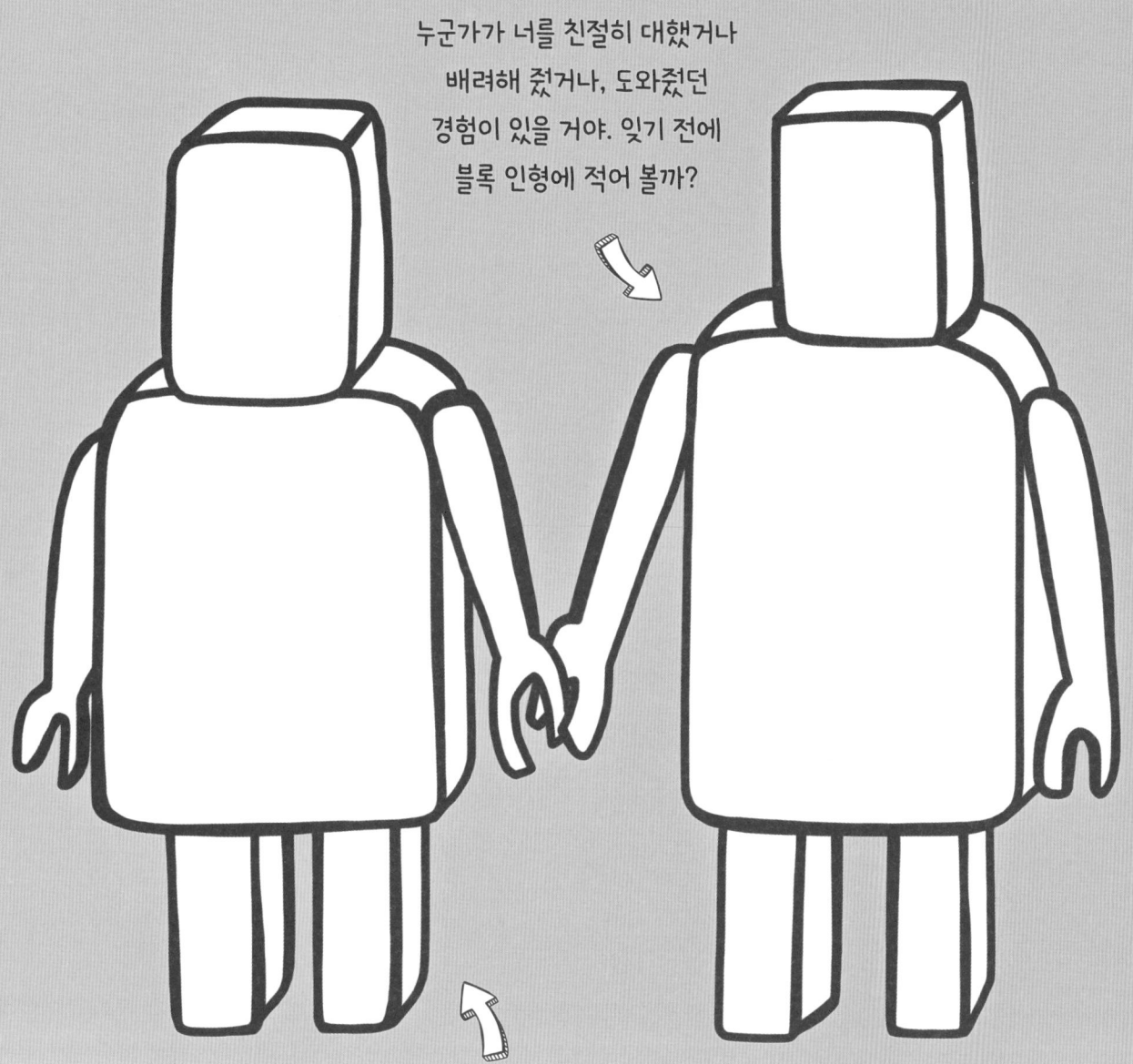

그리고 네가 누군가를 도왔거나 배려해 줬거나, 친절히 대했던 경험은 이 블록 인형에 적어 줘.

사이버 폭력

온라인에서 기분 나쁜 메시지를 보내거나, 개인적인 이야기를 남들에게 퍼뜨리거나, 위협하거나 공격적인 행동을 하는 걸 '사이버 폭력'이라고 해.

아주 못된 메시지나 댓글을 받으면 기분도 정말 나쁘지만 무섭기도 해.

괜찮다면 네가 받았던 기분 나쁜 메시지를 여기 적어 봐.
그리고 믿을 수 있는 사람에게 보여 줘. 그런 다음에는 사진이나 글로 덮어!
기분 나쁜 메시지는 얼마든지 지울 수 있다는 걸 너 자신에게 알려 주자.

스팸 휴지통 페이지에 버리는 것도 괜찮겠다.

생각 내보내기

디지털 기기가 관리하는 정보와 데이터는 그 양이 정말 많아. 그래서 구름을 닮은 가상 공간 '클라우드'에 많은 정보와 데이터를 보관하고 있어.

구름이 보이는 곳에 앉거나 누워 봐.
구름이 어떤 모양으로 보이니?
동물, 사람, 물건처럼 보이는 구름이 있니?

머릿속에서 꺼내고 싶은 생각이 있다면 전부 꺼내서
구름 위로 보낸다고 상상해 봐. 저 멀리 구름 속으로 사라져 버리는 걸
상상하는 거지. 이제 네 마음은 개운하고 편안해!
3:5 호흡도 같이해 볼까?

정보로 가득한 기기처럼
우리도 생각이
너무 많을 때가 있어.

그럴 땐 우울하거나
속상하게 만드는 생각을 구름 위로 날려 버리고
좀 쉬면 어떨까?

친구나 부모님과 함께 구름이 어떤 모양으로 보이는지 이야기해 봐.

생각이 너무 많거나
기분을 바꾸고 싶거나
아니면 잠자리에
들기 전에도 이렇게
구름 속으로
생각을 보내.

해는
절대 직접
보면 안 돼!
선글라스를 꼈더라도
말이야!

마음이
개운해지고 나면
그림 속 하늘에
네가 본 구름 모양을
그려 봐.
그리고 편안하고
맑은 하늘을
근사하게 색칠해!

전원이 꺼집니다

일주일 동안 매일, 몇 시간만큼은 모든 디지털 기기의 전원을 끄자!
그렇게 마련한 시간에 얼마나 많은 일을 할 수 있는지
생각해 보고 목록으로 정리해 보는 거야.
옆 페이지 달력엔 실제로 전원을 끄는 데 성공한 날에 표시해 줘!

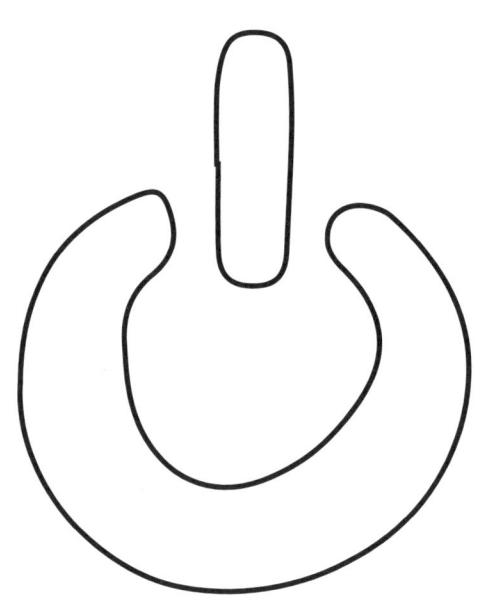

 빈 곳에 네가 좋아하는 것들을 그려 봐.

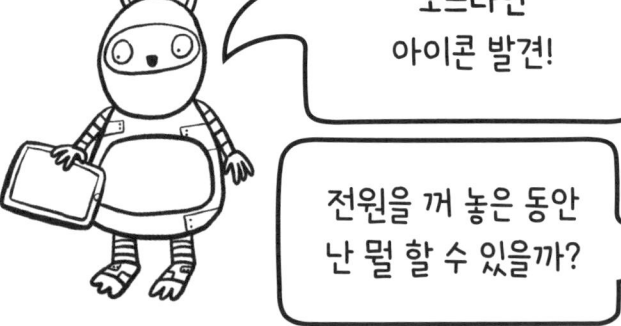

오프라인 아이콘 발견!

전원을 꺼 놓은 동안 난 뭘 할 수 있을까?

- ☐ 독서
- ☐ 글쓰기
- ☐ 그림 그리기
- ☐ 친구랑 수다 떨기
- ☐ 운동하기
- ☐ 재밌는 활동 배우기

월요일	화요일	수요일	목요일	금요일	토요일	일요일

도움을 요청하는 법

온라인-봇과 오프라인-봇이 이야기를 시작할 좋은 방법을 알려 주려 해. 너도 좋은 생각이 떠오르면 빈칸에 채워 줘.

인터넷을 하다가 뭔가 불쾌한 걸 보거나, 경험하거나, 발견할 때가 있지? 그럴 때 어른에게 어떻게 말을 꺼내야 할까?

- 뭔가 보여줄 게 있는데….
- 나 기분 나쁜 일이 있었어.
- 왜 어떤 사람들은 멋대로 행동해?
- 속상한 일 있을 때 어떻게 해야 해?
- 이런 거 본 적 있어?
- 저번에 인터넷 하다가….
- 누가 나한테 이상한 사진을 보냈어.
- 기분 나쁜 일은 어떻게 막을 수 있어?

뇌가 피곤해

우리 뇌는 특별한 회로가 있어서 디지털 기기를 갖고 놀 때 재미를 느껴. 스마트폰 알림이 울리거나 메시지가 오면 우리 뇌도 자극받지. 그래서 디지털 기기의 매력에서 빠져나오기 어려운가 봐.

하지만 무엇이든 너무 지나치면 건강을 해쳐. 기분은 좋더라도 말이야. 잠이나 휴식, 운동, 신선한 공기와 햇빛, 그밖에 소중한 것들을 놓칠 수 있어.

우리 건강에 꼭 필요한데도 말이야.

그런 의미에서 다음 문장을 완성하자.

탄산음료를 너무 많이 마시면…

사탕을 너무 많이 먹으면…

옷을 너무 많이 겹쳐 입으면…

매운 음식을 너무 많이 먹으면…

수영을 너무 오래 하면…

디지털 기기를 너무 오래 갖고 놀면…

뇌 건강 아이콘 발견!

뇌도 잠시 쉬게 해 주자.

'좋아요'를 모아요

우리는 모두 인정받고 사랑받고 싶어 해. 소셜 미디어에 '좋아요' 숫자가 적으면 마치 사람들이 내게 관심이 없는 것 같아 서운할 때가 있지. 하지만 온라인 세상의 모르는 사람들보다 실제 우리에게 중요한 사람들에게 인정받고 사랑받는 일이 더 중요해.

네게 가장 중요한 사람들을 적고, 그 사람들에게 네 어떤 점을 좋아하고 아끼는지 물어봐. 성품이나 태도, 재능 등 여러 이유가 있을 거야. 그리고 그 이유들을 쪽지에 옮겨 적어.

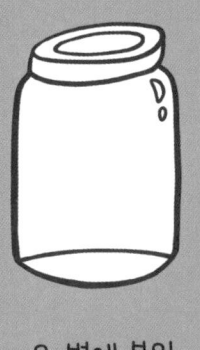

1. 뚜껑이 있는 유리병을 준비한 다음, 펜이나 스티커로 꾸며 줘.

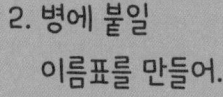

2. 병에 붙일 이름표를 만들어.

3. 쪽지를 잘 접어서 유리병 안에 넣어.

4. 언제나 잘 보이는 곳에 유리병을 두자.

인정이나 사랑을 받고 싶다는 기분이 들 때면 언제든지 유리병을 꺼내서 안에 담긴 글을 읽자. 소중한 사람들이 나를 얼마나 아끼는지 느껴질 때까지 말이지!

행복을 부르는 동서남북 놀이

종이를 접어 상하좌우로 움직이는 동서남북 놀이!
친구나 가족과 함께하며
상대의 멋진 모습을 발견해 보자.

접힌 면 안쪽에
친구의 좋은 점이나 해 주고 싶은 말,
너 자신을 격려하는 말을 적어 봐.

준비물
- 색종이 또는 복사용지
- 가위
- 펜이나 크레용

만드는 법

색종이는 그대로 사용하고 복사용지는 아래 방법대로 정사각형으로 만들자.

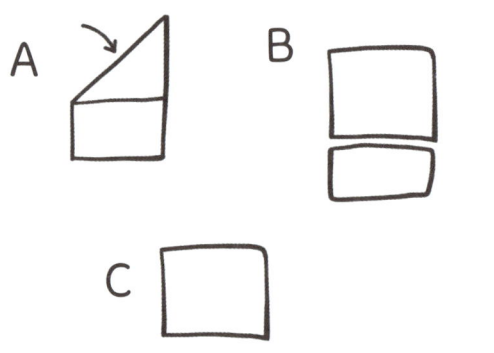

A. 종이 왼쪽 모서리를 접어 내려서 삼각형을 만들어.
B. 밑에 남는 직사각형을 잘라.
C. 삼각형을 다시 펼치면 정사각형 모양이 될 거야.

1. 양쪽 대각선 방향으로 접었다 펴서 똑같은 삼각형 4개를 만들어.

2. 네 모서리를 오른쪽 그림처럼 가운뎃점에 닿도록 접어 작은 정사각형을 만들어.

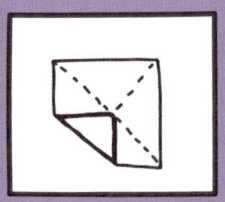

3. 종이를 뒤집은 다음, 다시 각 모서리를 가운데로 모아 접어 더 작은 사각형을 만들어.

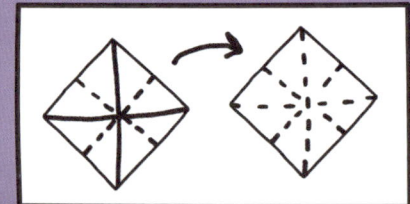

4. 종이를 가로로 한 번, 세로로 한 번 접었다 펴.

5. 뒷면에 있는 4개의 사각형 날개 밑에 엄지와 검지를 넣어.

6. 손가락을 움직여서 종이를 펼치고 가운데로 모아 봐!

바깥쪽 사각형 4개에 각각 '동', '서', '남', '북'이라 적어.
안쪽 삼각형 8개에는 너와 다른 사람들의 좋은 점을 알려 주는 멋진 말을 적으면 완성이야.

너는 정말 상냥해!

넌 정말 재미있어!

네 덕분에 행복해!

진짜 최고야!

네 그림 정말 멋져!

상대방에게 동서남북과 숫자를 하나씩 고르라고 해.
예를 들어 '동쪽으로 4번!'이라고 하면
종이를 네 번 움직인 다음,
동쪽 날개 아래에 적힌 메시지를 읽어주는 거야.

상호 작용
아이콘 발견!

서로 함께 할 때
더 행복해질 거야.

마음이 편해지는 보물 상자

나만의 보물 상자를 만들어서 스트레스받을 때마다 열어 보면 어떨까? 바쁜 하루를 보낸 날, 스마트폰을 오래 사용한 날, 아니면 그저 머리를 식히고 싶은 날에 열어 보면 아주 좋을 거야.

보물 상자로 쓸 만한 상자부터 찾아봐. 운동화 상자나 예쁜 통, 아이스크림 상자 등 뭐든 마음대로 꾸미면 멋진 보물 상자로 변신하지!

준비물

- 색종이
- 물감
- 풀 또는 테이프
- 펜
- 가위
- 좋아하는 캐릭터 그림
- 잡지
- 단추나 리본, 스티커 등 꾸미기 용품

볼 때, 냄새 맡을 때, 맛볼 때, 만지거나 들을 때 기분 좋아지는 것들을 넣자. 특별한 추억이 있는 물건도 좋아!

이런 건 어때?

가짜 뉴스

인터넷은 엄청난 양의 정보로 가득 차 있어.
진짜 정보와 가짜 정보를 가려내기 어려울 정도지.

실제 우리 생활과 마찬가지로, 모두가 진실만을 이야기하지는 않더라고.

가짜 뉴스에는 크게 두 가지가 있어.

1. 누군가 또는 무언가에 대해 만들어 낸 이야기나 사진, 동영상. 사람들이 그 이야기를 사실이라고 믿게 하거나 웹사이트를 클릭하도록 만드는 것이 목표야.

2. 정확하지 않은 사실과 진실이 섞인 이야기

가짜 뉴스인지 확인할 수 있는 질문

1. 이야기를 하는 사람이 누구지?
2. 웹사이트 주소가 진짜야?
3. 광고인가?
4. 정상적인 사진과 동영상인가?
5. 이야기가 그럴듯해?
6. 같은 내용의 정보를 책이나 두 곳 이상의 웹사이트에서 찾을 수 있어?

이건 진짜일까, 가짜일까?
다음 문장을 보고 진짜인지 가짜인지 가려내자!

1. 개코원숭이는 대부분의 시간을 땅 위에서 보내.
2. 개는 땀을 흘리지 않아.
3. 소에게도 절친이 있어.
4. 미어캣은 러시아어를 알아들어.
5. 돼지는 개만큼 똑똑해.
6. 캥거루는 방귀를 뀌지 못해.
7. 문어는 심장이 세 개야.
8. 화요일에 태어난 고양이가 털이 더 많아.
9. 뱀은 눈을 감고 있을 때도 눈꺼풀을 통해서 볼 수 있어.
10. 초콜릿색 래브라도리트리버는 햇빛에 녹아.

앞으로는 이상하다 싶은 글이나 사진, 동영상을 보면 소셜 미디어에 공유하기 전에 진짜 정보가 맞는지 확인해 보자.

1. 정답 2. 가짜 3. 정답 4. 가짜 5. 정답 6. 그동안 사실이라 여겨졌지만, 최근 가짜임이 밝혀졌어 7. 정답 8. 가짜 9. 정답 10. 가짜

선한 영향력

디지털 기술을 활용해서 세상에 네 목소리를 내 봐.
재활용, 집단 괴롭힘, 환경, 동물 복지, 노숙자, 빈곤 등 어떤 문제든 좋아.
네가 관심을 둔 문제라면 뭐든지 말이야. 넌 어떤 사회 문제에 가장 관심이 많니?

우리 모두를 위해 세상을 바꿀 캠페인을 시작해 보면 어때?

인터넷은 메시지를 전달하는 아주 굉장한 도구이지만,
실제 생활에서도 얼마든지 네 메시지를 전달할 수 있어.

아래 질문에 대해 곰곰이 생각하고 답해 봐. 그런 다음 캠페인을 시작하는 거야!

사람들에게 말하고 싶은 게 뭐야?	그 문제에 대해 더 알아야 할 건 뭐야?

누구에게, 어떻게 메시지를 전달할까?

누가 도와줄 수 있을까?

메시지를 잘 전달하려면 어떤 도움이 필요할까?

너의 목표는 뭐야?

영향력 아이콘 발견!

작은 시작이 큰 변화를 불러올 거야!

자연 속에서 자연스럽게

자연 속에서 시간을 보내면 심장이 천천히 뛰고,
우리 몸과 마음이 평온해져.

좋은 생각도 떠오르고 세상과 연결된 느낌이 들면서
편안한 휴식과 수면을 준비할 수 있게 되지.

친구나 어른과 함께 밖으로 나가서
주위를 둘러보자.

한 곳에 가만히 서서
들리는 소리에 귀 기울여.
안전한 곳이라면 눈을 감아도 좋아.

이제
편안한 곳에 앉아서
숨을 깊게, 천천히 쉬어.

땅에 앉아도 되고
의자에 앉거나 벽에 기대도 돼.

너를 든든하게 받쳐 주는
발밑의 땅을 느껴 봐.

땅을 손으로 만지면 어때?
땅이 따듯한지, 차가운지, 촉촉한지,
또 다르게 느껴지는지 느껴 봐.

느낄 수 있는 만큼
오랫동안 땅을 느껴 봐.

느낌이 사라지면 코로 심호흡하면서
주변에서 어떤 냄새가 나는지 맡아 봐.

무슨 냄새인지 알아내려고 하지 말고 그저 느끼기만 하면 돼.

마지막으로 땅을 봐. 무엇이 보이니?
찬찬히 잘 살펴봐!

뭔가를 줍거나 잡으려 하지 말고,
그저 보이는 것이 사라질 때까지
아니면 그만 보고 싶을 때까지 계속 바라보면 돼.

| 일주일 동안 이 활동을 매일 해. 활동을 한 날에 동그라미를 그리고 아이콘을 챙겨 줘. |

월요일	화요일	수요일	목요일	금요일	토요일	일요일

자연
아이콘 발견!

우리 모두
자연에서 온 거야.

나만의 로봇 만들기

재활용품을 가지고 너만의 멋진 로봇을 만든다면?

재활용할 물건과 가위, 풀, 테이프, 알루미늄 포일, 다른 꾸밀 만한 물건들을 꺼내 봐.

물건들을 펼쳐 놓고 상상력을 발휘해 보자.
근사한 로봇 설계도를 여기에 그리고 그대로 만들어 보는 것도 좋겠다!

미래의 나

20살이 된 네 모습을 떠올려 봐.
그때의 너는 무얼 하고 있을까?

대학에서 공부하거나 일찌감치 일자리를 찾거나,
배우가 되어 영화를 촬영하거나
운동선수가 되어 경기에 출전하거나, 책을 쓰거나
무언가 다른 일을 하고 있을지도 몰라.

20살이 된 네 모습을 그려 봐.
꿈꿔왔던 목표를 이룬
모습을 그리고, 어떤 느낌인지도
상상해서 적어 봐.

온라인 평판과 디지털 흔적을
잘 관리하려면 글을 쓰거나 자료를
공유하거나 메시지를 보낼 때 항상
신중해야 한다는 걸 알고 있지? 미래의
너도 현재의 네게 고마워할 거야.

마음 챙기기

마음을 재충전할 수 있는 차분하고 조용한 곳을 찾아.  몇 분간 심호흡을 하는 거야.

무엇이 보이니?

누구와 같이 있어? 아니면 혼자야?

네가 안전하고 편안하게 느끼는 곳을 아주 자세하게 그려 봐. 잡지나 사진에서 멋진 곳을 오려서 붙여도 좋아!

시간을 들여 네가 그린 그림이나 붙인 사진을 살펴봐. 그곳에 있는 네 모습을 떠올리면서 진짜 행복하고 즐겁게 지내고 있다고 상상해야 해. 긴장이 풀리고 기분이 나아질 때까지 반복해 보자.

완전히 안전하고 편안한 곳을 상상해 봐. 전에 봤거나, 다녀왔거나, 들어 봤거나, 읽었거나, 아니면 꿈꿨던 곳일지도 몰라.

언제까지라도 있고 싶은 멋진 곳 말이지.

어떤 소리가 들려?

마음챙김 아이콘 발견!

내 마음은 내가 챙긴다!

나를 채우는 명상의 시간

명상을 하면 우리는 더 친절하고, 현명하고,
강한 사람이 될 수 있어.

편안한 곳에 앉거나 누워서 천천히 심호흡하며 명상을 해 보자.

눈을 감아도 좋고, 약간 높은 곳을 봐도 괜찮아.

명상을 하면서 **3:5 호흡법**으로 호흡해 봐.

아래에 있는 지시문을 미리 녹음하거나
가족에게 읽어달라고 부탁한 다음, 명상을 시작해.

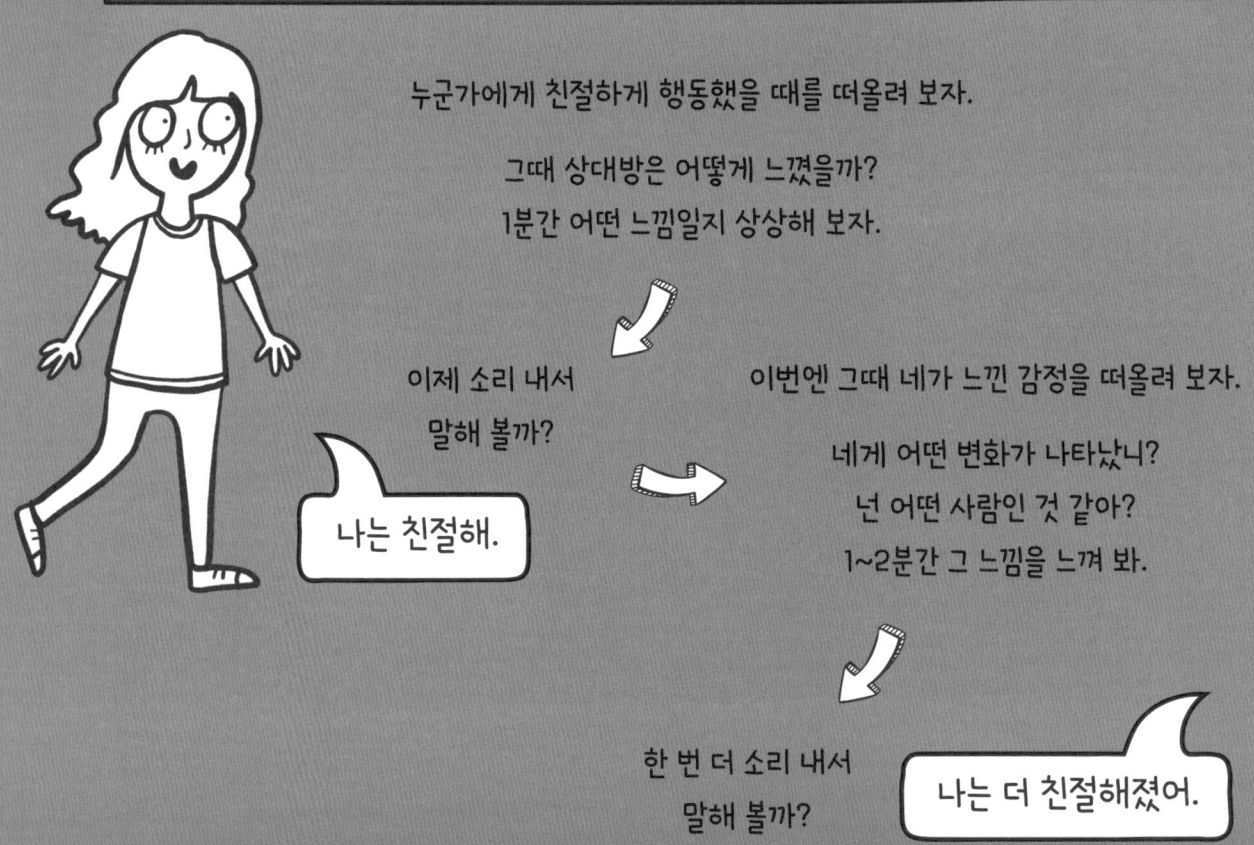

이번엔 어려움에 부닥친 사람을 도와줬을 때나 조언을 해줬을 때를 떠올려 보자.

상대방이 어떻게 느꼈을지 생각해 보고
1분간 느낌을 떠올려 봐.

소리 내서
말해 볼까?

한 번 더 소리 내서
말해 볼까?

나는 지혜로워.

이번엔 네가 어떻게 느꼈는지 떠올려 보자.

네게 어떤 변화가 나타났니?
넌 어떤 사람인 것 같아?
1~2분간 그 느낌을 느껴 봐.

나는 더
지혜로워졌어.

이번엔 아픈 사람을 도와주거나 기분이 좋아지도록 도와줬을 때를 떠올려 보자.
우울했을 때 위로해 줬거나 어려움을 해결해 줬던 경험이 있지?

네가 도와줬을 때 상대방이 어떻게 느꼈을지 생각해 보고
1분간 그 느낌을 떠올려 봐.

소리 내서
말해 볼까?

이번엔 네가 어떻게 느꼈는지 떠올려 보자.

네게 어떤 변화가 나타났니?
넌 어떤 사람인 것 같아?

1~2분간 그 느낌을 느껴 봐.

나는 강해.

다시 한번 소리 내서
말해 볼까?

나는 더 강해졌어.

활동을 끝낸 다음에는
잠시 조용히 앉아 있다가
시원한 물을 한 잔 쭉 마시렴.
몸과 마음이 상쾌해질 거야.

여섯 명만 건너면

몇몇 과학자에 따르면, 이 지구에 살고 있는 80억 명 중 누구라도 여섯 명만 건너면 서로 알 수 있대.

세상이 정말 좁지?
그래서 온라인 평판이 중요하다니까!

정말 좋아하지만 만난 적은 없는 사람을 떠올려 봐.
너와 그 사람 사이에 딱 여섯 명만 있다니!
정말인지는 아무도 모르지만, 재미있는 생각이긴 해.

하지만, 우리 모두가 온라인 그리고 오프라인에서
함께하는 활동으로 서로 연결되어 있다는 것만큼은 사실이야.

우리가 모두 연결되어 있음을 보여주는
종이 장식을 만들어 보자.

너에게 중요한 사람들이 누군지,
누구와 연결되고 싶은지도
미리 생각해.

만드는 법

옆 페이지를 자른 다음, 가운데 선을 따라
한 번 더 잘라. 점선을 따라 접어서 부채처럼 만들어.

종이를 클립으로 고정한 다음 사람 모양대로 오려.
이때 발과 팔은 연결되어 있어야 하니까
자르지 마.

종이를 펼쳐서 세워봐.
사람 모양을 한 종이 사슬이 될 거야.

사람들의 이름을 종이 뒷면에 적으면 어떨까?

사람 모양에 그림을 그리거나
색칠해서 꾸며 봐.
사진을 붙여도 재밌겠다!

그다음엔 그대로 사슬 모양으로
두거나 사슬 끝과 끝을 연결해서
동그랗게 만들 수도 있어.

친구에게 하나 주는 건 어때?

프랙털

프랙털은 같은 모양이 무한하게 반복되는 도형이야.
단순한 모양이 계속 반복되면서 크기가 커지고
더욱 복잡한 패턴과 모양을 만들어.

프랙털을 색칠하면서
머릿속을 깨끗이 비우자.
차분하게, 깊게, 천천히 숨 쉬면서
색칠하는 거야.

3:5 호흡을 하면서 해 볼까?

프랙털은 자연에서도 볼 수 있어.
밖에 나가서 어디에 프랙털이 숨어 있는지 찾아봐.

프랙털은 컴퓨터로도 만들 수 있어.

인터넷에서 프랙털에 대해 좀 더 조사해 볼까?

꿀잠 준비

이 책에는 자기 전에 하면 좋은 활동이 많아.

책을 쭉 훑어보면서 어떤 활동을 아래 목록에 넣으면 좋을지 생각해 봐.

디지털 기기에서 나오는 불빛은 꿀잠을 방해해.

자러 가기 전 약 1시간 30분 동안은 디지털 기기를 멀리 해야 편하게 잘 수 있대.

아래 목록에 네가 잘 준비를 하면서 하고 싶은 활동을 글로 쓰거나 그림으로 표현해 봐.

한 주 동안 매일 저녁 위에서 하고 싶은 활동을 골라서 해 봐.

너에게 가장 잘 맞는 활동을 찾아보고, 실제로 한 활동 옆에는 표시해 줘.

잘 자, 디지털 기기야

네 기기들은 밤에 어디서 자니?

온 가족의 디지털 기기를 모아둘 근사한 집을 디자인해 보자.

너도 디지털 기기도 푹 자려면 서로를 멀리하라구.

신발 상자나 종이 상자, 꾸미기 재료를 활용해서 진짜 집을 만들어 보자.

재부팅 시간

푹 자야 집중도 잘 되고 키도 크고, 즐겁게 놀 수 있어.
건강하고 행복한 하루를 시작하려면 밤새 푹 쉬어야 해.

'이것만큼은 있어야 밤에 푹 잘 수 있다' 싶은 물건,
너에게도 있지? 아래 빈칸에 모두 적어 봐.

포근한 인형을 끌어안고, 따뜻한 수면 양말을 신고,
마음을 느긋하게 해주는 편안한 음악과 잠자리 동화를 듣고,
따뜻한 우유 한 잔을 마시고, 엄마, 아빠와 꼭 껴안고 인사하고,
방이 조용한지 확인한 다음에 불을 끄는 거야.

가족과 함께하는 시간

사랑하는 가족과 함께하면 친밀감과 유대감을 느낄 수 있어.

자러 가기 전에 아래 나온 활동을 하면서 오붓한 시간을 보내 볼까?

이야기 만들기
웃기고 말도 안 되는 이야기를 만들어 봐.
한 사람이 시작하면 다음 사람이 문장을 이어가며 이야기를 만드는 거야.

미소 짓기
거울 앞에 혹은 사랑하는 가족 앞에 앉아서 마주 보고 미소를 지어 봐. 웃음을 터뜨리지 않고 몇 초나 버틸 수 있을까?

꼭 안아주기
바로 옆에 있는 사람을 꼭 안아줘. 안고 있을 때 어떤 느낌이 드니? 만약 지금 당장 안아줄 수 없다면, 그 사람을 껴안는다고 상상하면서 네 어깨를 꼭 감싸 줘. 기분이 좋아질 거야.

손잡기
5분 동안 손을 잡아 봐. 손을 잡고 있는 동안 가만히 있어도 좋고, 심호흡을 해도 좋아. 이야기를 나누거나 노래를 하는 것도 괜찮아!

12분간 말하기
가족 누군가에게 12분 동안 아무 이야기나 하는 거야.
네가 좋아하는 것, 고민거리, 앞으로의 계획, 스포츠, 패션, 동물, 만화책, 책, 음악, 영화 등 무엇이든 좋은 이야깃거리가 될 수 있어.

가족 아이콘 발견!

나는 우리 가족이 정말 좋아!

드디어 해냈구나! 정말 대단한걸!
아래 수료증에 너와 로봇 가이드의 이름을 적고 잘라서 보관해.
네가 엄청난 활동을 해냈다는 걸 모두에게 보여 주자!

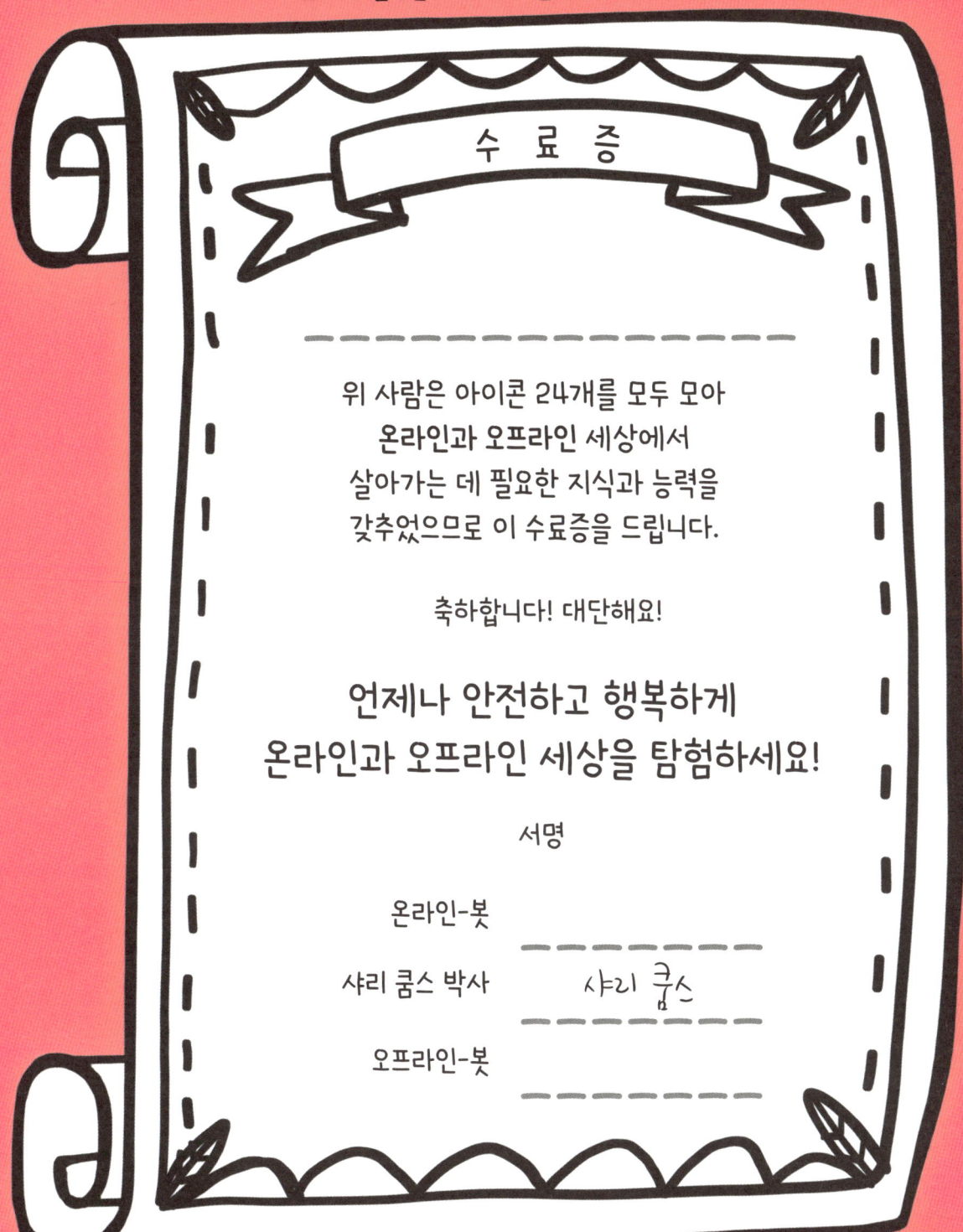

우리 가족 이야기

혹시 가족 중에 네 사진이나 일상 이야기를 온라인에 공유하는 사람이 있니?

그렇다면 너 자신의 온라인 평판은 스스로 쌓고 싶다고 이야기하렴.

충분한 대화를 통해 온라인 세상에서 공유할 수 있는 정보의 범위를 정하자.

뒷장에 있는 '우리 집 미디어 사용 규칙'을 활용해서 모두 지킬 수 있는 규칙도 정해 봐!

모두가 온라인에서 편하게 공유할 수 있는 웃긴 이야기를 글이나 그림으로 표현해 봐.

이 책을 보는 어른들에게

이 책은 어린이들이 안전하고 행복하고 건강하게 인터넷을 이용하기를 바라는 부모님, 양육자, 선생님, 멘토, 공직자, 코치, 치료자, 청소년 리더 모두에게 완벽한 길잡이가 되어 줄 것입니다.

디지털 기술은 우리 삶에 큰 혜택을 가져다주었습니다. 잘만 활용하면 모두의 삶을 편리하고 효율적으로 만들어 주고, 많은 것들을 즐길 수 있도록 해 주지요.

온라인이든 오프라인이든, 우리 아이들은 끊임없이 자신을 다른 사람과 비교합니다. 이는 아이들의 자신감과 자존감, 자기 만족감에 영향을 미치지요. 때로는 디지털 기기에 푹 빠져 있는 아이와 실랑이를 벌이다가 가족 관계도, 분위기도 엉망이 되곤 합니다. 실제 생활에서 함께 활동할 시간을 잃기도 하고요. 그래서 우리는 온라인 세상과 오프라인 세상 사이에서 적절한 균형점을 찾아야 합니다. 바로 이 책을 통해서요.

이 책을 읽으며 아이들은 온라인 세상을 탐험하며 겪는 감정을 알고 표현하며, 탐색하고 설명할 수 있습니다. 또한 '디지털 회복 탄력성'을 키우며, 어른들의 든든한 지지 아래 건강하고 안전하게 디지털 세상을 즐기는 법을 배울 수 있지요.

또 올바른 선택을 하는 방법과 문제가 생겼을 때 도움을 요청하는 방법도 배웁니다. 혹시 아이가 실수했다면 앞서 소개한 기관에 도움을 요청할 수 있으니 걱정하지 마세요. 이곳은 아이가 겪는 문제를 이해하고 돕는 전문 기관입니다.

아울러 '우리 집 미디어 사용 규칙'을 함께 작성하며 아이를 돕고 보호할 수 있습니다. 모두가 함께 규칙을 지키며 현명하게 사용할 때 온라인이 제공하는 멋진 혜택을 온전히 누릴 수 있겠지요?

샤리 쿰스 박사
아동&가족 심리 치료사

우리 집 미디어 사용 규칙

함께 정한 규칙을 적고 가족 모두 서명한 다음, 모두가 잘 볼 수 있는 곳에 두자. 합의서에는 기기 종류와 사용 시간, 공유할 수 있는 정보의 범위, 이용할 콘텐츠와 애플리케이션, 실수를 막기 위한 방법, 그 외 가족들이 중요하게 생각하는 내용을 적으면 돼.

우리 가족은 다음 규칙을 지키기로 약속합니다.

서명

디지털 시대, 새로운 배움이 필요합니다

　미디어 사용은 최근 부모 교육과 상담 현장에서 다루는 중요한 주제 중 하나입니다. 물론 이전에도 스마트폰 사용과 영상 시청 등이 부모의 고민거리 중 하나였지요. 하지만 코로나로 인해 가정 보육 시간이 길어지면서 부모와 아이들 사이의 갈등이 심해졌고, 고민은 더욱 깊어졌습니다. 상담 전문가이자 같은 연령대의 아이를 키우는 부모로서 저 역시 갈등할 때가 많습니다. 미디어 노출을 통해 얻는 부모의 휴식 시간은 아주 달콤하지만, 지나치게 몰두하는 아이의 모습을 보면 죄책감이 밀려오기 때문이지요. 그렇다고 해서 미디어 노출을 완전히 제한하려니, 이 또한 간단한 문제가 아님을 깨닫습니다. 어른이 된 후 미디어를 접하고 배워 '디지털 이주민'이라 불리는 우리와 달리, 아이들은 태어나는 순간부터 디지털 기기와 함께 살아온 '디지털 원주민'이기 때문입니다. 아이들은 다양한 미디어 콘텐츠와 디지털 기기를 통해 학습하며 세상을 배우게 됩니다. 현실뿐만 아니라 '온라인'이라는 또 다른 세상도 살아가야 하지요.

태어나자마자 말을 하고 스스로 밥을 먹는 사람은 없습니다. 부모의 도움을 받아 젖병을 빨다가 수저 사용법을 배우고 식사 예절을 익혀 나가지요. 미디어 사용도 마찬가지랍니다. 처음부터 미디어를 잘 사용하고 조절할 수 있는 아이는 없습니다. 부모의 도움을 받아 잘 시작하고 잘 끝내는 방법을 연습하고, 건강하게 미디어 생활을 즐길 방법을 배워야만 합니다. 좋은 식사 습관을 만들기까지 부모의 도움과 지지가 필요한 것처럼, 미디어 사용 습관도 부모의 역할이 매우 중요합니다.

온라인과 오프라인은 서로 다른 듯 보이지만, 실은 긴밀히 연결되어 영향을 주고받는 환경입니다. 완전히 분리된 세계라 보기는 어렵지요. 우리는 '유튜브를 볼 수 있는지, 없는지' 또는 '스마트폰을 사용해야 하는지, 말아야 하는지'와 같은 가르침을 넘어, 아이가 온라인 세상과 오프라인 세상을 오가며 지혜롭게 활동할 방법을 가르쳐야 합니다.

먼저 아이는 (1) 온라인 세상에서 자신의 정체성을 세우고 (2) 예절과 규칙을 지키는 방법을 배워야 합니다. 또한 (3) 자신의 평판을 관리하는 방법도 알아야 하지요. (4) 자기 창작물을 만듦과 동시에 다른 사람의 권리를 보호하며 (5) 사이버 폭력과 범죄로부터 자신을 보호하는 방법도 반드시 습득해야 합니다. 스스로 (6) 온라인 세상에서의 활동을 조절하며 균형 있게 활동하고 (7) 오프라인 세상에서의 상호작용도 놓치지 않도록 꾸준히 연습하는 것도 필요합니다. 『스마트폰 잘 쓸 준비 됐니?』에서는 위 일곱 가지 주제를 중심으로 다양한 활동이 준비되어 있습니다.

이렇게 활용해 주세요

- 이 워크북은 두 가지 방법으로 사용할 수 있습니다. 먼저 가이드북을 통해 각 활동의 목적을 확인한 후, 아이의 특성에 맞춰 미리 활동을 선정하고 제시할 수 있어요. 또한 어떤 계획도 세우지 않고, 아이의 흥미도에 따라 스스로 계획을 세울 수도 있지요. 아이가 하는 활동이 어떤 목적과 의미가 있는지 부모님과 함께 이야기하며 확인할 수 있다면 더욱 좋겠지요?

- 절대로 재촉하지 마세요. 자신이 생각한 것을 표현하는 활동은 충분한 시간이 필요하답니다. 특히 이 책의 주제는 다소 생소하게 느껴질 수 있으므로 흥미를 잃지 않고 자신의 감정과 생각을 표현할 수 있도록 도와주세요.

- 아이가 원하는 양만큼 할 수 있도록 지도해 주세요. 한꺼번에 너무 많은 활동을 하면 효과를 얻기 어려우니 적당한 양을 정하세요. 차분하게 앉아 아이 스스로 생각과 느낌을 나타내는 것이 가장 중요합니다.

- 아이가 책 속의 모든 질문과 활동에 흥미를 갖는 것은 아닙니다. 좋아하고 관심을 보이며 집중하는 활동부터 시작하세요. 미디어 사용 정도에 따라 활동을 선택해도 좋아요.

- 일정 시간 후에, 아이가 관심을 두고 활발히 참여했던 활동을 반복해 보세요. 아이가 자라면서 경험의 폭이 넓어진 만큼, 갖게 되는 생각과 감정의 깊이도 달라지기 때문이에요. 처음 그때의 생각과 감정을 기억하며 자기 뜻을 다시 확인해도 좋고, 새로운 의견을 내도 좋아요.

주제에 따른 워크북 활용법

1. 온라인 정체성 형성하기

　아이에게 온라인 세상의 '나'는 또 다른 자신입니다. 소셜 미디어 별명이나 게임 캐릭터 등을 통해 현실 속 나와는 다른 정체성을 만들고, 특정 관심사가 드러난 새로운 나를 창조하지요. 이미 온라인 세상 안에서 나를 표현하고 나만의 경쟁력을 갖추는 것은 중요한 부분이 되었습니다.

　하지만 아직 오프라인에서의 정체성이 확립되지 않은 시기이기에 아이들은 온라인 정체성을 형성하는 데 어려움을 느낍니다. 올바른 기준이 무엇인지 알기 어렵고 온라인과 오프라인의 차이로 혼란스러워할 수 있어요. 나의 개성을 표현하고 공유하기보다는 '좋아요' 수나 댓글과 같은 타인의 반응에만 과도하게 몰입하기도 합니다. 자칫하면 온라인 세상에 매몰되어 막상 현실 속의 나는 정체성을 잃을 수 있어요.

　따라서 아이들은 오프라인 세상의 나를 알아감과 동시에 온라인 세상 속의 나는 누구인지 알아야 합니다. 타인에게 보여주고 싶은 나의 모습은 어떤 모습인지, 나의 강점과 약점은 무엇이며 어디까지 공개하고 싶은지, 온라인 세상 속 나와 오프라인 세상 속 나는 얼마나 같고 다른지 등에 대해 생각하는 기회를 가질 수 있도록 도와야 해요.

프로필 만들기 (8쪽)	온라인 프로필은 자신을 표현하고 소통하는 대표적 수단입니다. 아이들은 프로필을 선택해야 온라인 세상을 시작할 수 있어요. 온라인에서 내가 어떻게 보이길 원하는지 스스로 생각할 기회를 주세요. 그다음 사용할 아이디와 이름, 이미지를 결정하도록 도와주세요.
빙산의 일각 (16쪽)	다른 사람에게 보일 수 있는 모습과 보여줄 수 없는 모습이 무엇인지 빙산에 쓰도록 합니다. 이 활동으로 자신뿐만 아니라 타인 또한 겉으로 보이는 모습은 극히 일부이며, 사실은 보이지 않는 또 다른 모습이 많다는 사실도 배울 수 있어요. 또한 우리가 듣고 보는 뉴스나 각종 정보도 사실의 일부일 수 있다는 것을 이해하도록 도와주세요.
#나 #주변 사람들(20쪽)	먼저 해시태그가 무엇인지, 어떤 역할을 하는지 설명해 주세요. 간단한 명사나 형용사 등을 통해 나와 주변 사람의 특성을 적도록 합니다.
화면 속 나만의 세상 (28쪽)	스마트폰 배경 이미지는 나를 나타내거나 내 관심사를 표현하는 수단이기도 합니다. 어떻게 디자인하고 싶은지, 어떤 사진이나 문구를 넣고 싶은지 생각하고 표현하도록 이끌어 주세요. 직접 사진을 찍거나 그림을 그려 바탕화면을 만드는 활동도 추천합니다.
나- 이모티콘 (32쪽)	이모티콘을 사용해 본 적이 있는지, 어떤 이모티콘을 좋아하고 즐겨 쓰는지 아이와 이야기해 보세요. 이모티콘을 사용하면 어떤 점이 좋은지도 함께 나누며 만들고 싶은 이모티콘을 그리도록 합니다.
잘 꾸민 진열창 (34쪽)	대부분 사람은 소셜 미디어에 부족한 점이나 실수한 것을 올리기보다는, 잘하는 것이나 좋은 점만 올리는 경우가 많다는 사실을 설명해 주세요. 다른 사람들의 게시물을 보고 자신과 비교할 필요는 없으며, 누구나 좋은 점과 그렇지 않은 점을 갖고 있다는 것도 이야기해 주세요.
나의 작품 (41쪽)	내가 표현하는 것이 나의 창작물이 되며, 다른 사람에게 피해를 주지 않는 선에서 자유롭게 나타낼 수 있음을 알려 주세요.

특별한 너! (46쪽)	온라인에서든 오프라인에서든, 자신을 사랑하는 나야말로 가장 특별한 사람입니다. 나를 사랑하고 존중할 때 온라인에서도 건강하게 표현하고 상호작용할 수 있습니다.
'좋아요'를 모아요 (67쪽)	온라인 세상에서 '좋아요'가 갖는 의미에 대해 이야기를 나누세요. 타인의 관심이나 반응에 갇히지 않고 자유롭게 온라인 세상을 누리려면 어떻게 해야 할지 함께 고민하는 시간을 갖는 것도 좋습니다.

2. 온라인 평판 관리하기

온라인에서 활동하면 흔적이 남습니다. 디지털 세상에 남은 흔적들은 곧 자신의 '온라인 평판'과 연결되지요. '온라인 평판(Online Reputation)'이란 게시글, 그림, 사진, 비디오 등을 매개체로 온라인에서 공유한 정보를 통해 형성된 특정인에 대한 이미지를 말합니다. 조금만 검색해도 그 사람이 언제, 어디서 무슨 활동을 했고, 어떤 것을 좋아하고 싫어하는지 알 수 있어요. 따라서 온라인 평판을 관리하는 것은 온라인 세상을 살아가는 지금 세대에게 필수 요소라 할 수 있습니다.

아이들은 지금, 이 순간 내가 남기는 흔적들이 나중에 어떤 영향을 미칠지 예측하지 못합니다. 따라서 온라인 평판이 미치는 영향에 대해 가르쳐야 해요. 특히 온라인 세상에 남긴 무분별한 흔적들이 공유되기 시작하면, 쉽게 지우기 어렵다는 사실을 반드시 알아야 합니다.

온라인 평판 (13쪽)	온라인 세상에서 활동하면 언제나 기록이 남습니다. 아이에게 그 기록이 계속 따라다닌다는 사실을 상기시켜 주세요. 온라인에 남았으면 하는 모습과 남지 않았으면 하는 모습에 대해 생각해 보고, 누군가가 나를 검색했을 때 어떤 내용이 있으면 좋을지 함께 고민하세요.
디지털 흔적 (42쪽)	진흙 위 발자국처럼 온라인에서도 나의 발자국은 계속 남습니다. 좋은 발자국을 남기려면 과연 어떻게 행동해야 할지, 또 절대 하지 말아야 할 행동에는 어떤 것이 있는지 함께 써 보세요.
나의 디지털 흔적 (43쪽)	아이의 발을 그려 주세요. 부모님의 발도 함께 그린 후, 발자국을 예쁘게 꾸미세요. 색연필이 발과 맞닿고 예쁘게 색칠하는 활동만으로도 아이는 즐거워할 거예요. 시간이 흐른 후에도 예쁘게 남을 '좋은 발자국'을 위해 우리가 할 수 있는 일에 대해서도 써 보세요.
미래의 나 (77쪽)	어른이 되었을 때 무엇이 되고 싶은지 이야기 나누세요. 만약 온라인 세상에 나쁜 흔적이 남았을 때, 미래의 나에게 어떤 영향을 미칠지도요. 실제 사례를 들어 이야기하는 것도 좋아요.
여섯 명만 건너면 (82쪽)	온라인 세상에서는 실제 상대가 보이지 않아도 여섯 명만 건너면 오프라인 세상에서 아는 사람일 수도 있습니다. 인간 사슬 꾸미기 활동을 통해 온라인 세상이 그만큼 멀고도 가깝다는 사실을 깨닫도록 도와주세요.

3. 온라인 예절을 배우기

오프라인에서 타인에게 예의를 갖추듯, 온라인에서도 지켜야 하는 기본적인 예절이 있습니다. 하지만 온라인에서는 상대방이 누구인지 정확히 알 수 없어서 직접 만나서는 하지 못할 말이나 행동을 서슴없이 하기도 합니다. 아이 자신이 온라인 세상에서 활동하는 실제 사람이듯 상대방도 실제로 존재하는 사람임을 알아야 합니다. 누구도 온라인 세상에서 무례하게 굴 권리는 없으며, 지나친 비방이나 욕설, 무례한 행동을 한다면 오프라인에서 처벌받을 수 있다는 사실도 알아야 하지요. 특히 아이들이 댓글을 쓸 때, 구체적인 규칙과 기준을 세울 수 있도록 도와주세요. 함부로 욕하거나 소외시키거나, 동의 없이 타인의 정보를 공유한다든가 하는 행동을 절대로 해서는 안 된다는 것을 배워야 합니다. 또 온라인 세상에서의 댓글은 다른 사람과 의견을 나누고 정보를 얻으며, 소통하기 위한 도구라는 사실도 잊지 않도록 가르쳐 주세요.

직접 마주 본다면 (14쪽)	직접 만나지 않았다고 해서 남에게 상처를 줄 권리는 없단 사실을 가르쳐 주세요. 나도 듣기 싫은 말은 상대방도 듣기 싫은 법이지요. 명확한 기준을 세워 소통할 수 있도록 해야 합니다. 혹시 나쁜 말을 듣거나 한 경험이 있는지 이야기하는 것도 좋습니다.
색칠해 (18쪽)	가정과 학교에서처럼 온라인 세상도 예의범절이 필요합니다. 친절한 행동이 더 큰 친절을 불러온다는 것을 기억하도록 도와주세요. 또한 규칙을 지키며 활동할 때 상대방도 아이를 존중한다는 사실도 알려 주세요.
언제나 친절하게! (33쪽)	온라인 세상은 나와 타인을 연결하고 마음을 전하는 도구가 되기도 합니다. 작성한 내용을 실제 메시지로 보내는 활동을 통해 평소에 표현하지 못했던 아이의 마음을 나타내는 것도 추천합니다.
가로세로 낱말 퀴즈 (40쪽)	온라인 세상에서 건강하게 활동하려면 어떤 것들이 필요할까요? 먼저 아이들과 이야기를 나눈 후, 단어 퍼즐을 맞추며 자기 생각을 확인하고 스스로 퍼즐이나 퀴즈를 만들어 가족과 함께 즐기는 것도 좋습니다.

서로서로 의지해 (57쪽)	오프라인이 그렇듯, 온라인 세상도 함께 살아가는 세상입니다. 내가 다른 사람에게 힘이 되듯, 다른 사람도 내게 힘이 되어줄 수 있어요. 다른 사람을 배려하거나 도왔던 경험을 나누거나, 반대로 도움을 받았던 일을 떠올리며 활동을 진행하세요. 온라인에서도 서로를 배려하고 이해할 때 선한 영향력을 전달할 수 있습니다.
선한 영향력 (72쪽)	온라인을 통해 더 많은 사람에게 중요한 메시지를 빠르게 전하거나, 누군가를 돕도록 권할 수 있다는 것을 가르쳐 주세요. 좋은 예가 될 수 있는 사례를 아이와 검색하여 읽는 것도 추천합니다.

4. 온라인 적극적으로 사용하기

　온라인 세상에 발을 들였다면, 적극적으로 사용법을 가르쳐야 합니다. 디지털 기기는 단순히 영상을 보거나 글을 읽는 활동을 넘어, 하나의 생산 도구로써 사용할 수 있어요. 간단한 영상을 만드는 법이나 문서를 만들고 저장하는 법, 모르는 것을 검색하고 정보를 얻는 법 등 아이가 능동적으로 참여할 수 있도록 가르쳐 주세요. 평소 부모가 디지털 기기를 사용할 때, 어떤 목적으로 어떻게 사용하는 중인지 알려 주면 더욱 좋습니다.

　예를 들어, "엄마는 지금 책에 들어갈 문서를 만드는 중이야.", "스마트폰으로 영상을 만들고 있어."와 같이 설명해 주세요. 이는 아이가 온라인 세상에 접속하는 디지털 기기를 단순히 소비의 도구로만 사용하지 않고 보다 생산적으로 사용하도록 도와줍니다.

월드와이드웹 **(12쪽)**	온라인 세상과 이어주는 기기에는 무엇이 있는지 함께 생각해 보세요. 주로 사용하는 기기는 무엇이고, 무얼 하는지도요.
블로거가 되자! **(24쪽)**	만약 콘텐츠를 만든다면 어떤 내용으로, 어떻게 만들고 싶은지 표현하도록 안내해 주세요. 정답은 없으니 나만의 창작물을 만드는 과정 자체를 즐길 수 있도록 이끌어 주세요.
틱톡! **(25쪽)**	짧은 길이의 영상으로 자신을 표현하는 틱톡에 대해 이야기를 나누고, 아이 혼자 또는 가족과 함께 영상을 만들어 보세요.

5. 온라인 활동 시 주의할 점

온라인 세상에서 활동할 때, 우리는 무엇을 조심해야 할까요? 먼저 아이와 함께 이야기를 나누세요. 아이들이 우리 생각보다 더 잘 알고 있을 수도 있고, 아직은 잘 모를 수도 있습니다. 중요한 것은 아이들이 안전하게 온라인 세상을 즐기기 위해 필요한 능력을 갖춰야 한다는 점입니다. 여기 그 세 가지 능력을 소개합니다.

첫째, 옳고 그른 정보를 분별하는 능력

부모의 노력에도 아이들은 잘못되거나 나쁜 정보를 만나게 됩니다. 알고리즘에 의해 우연히 노출되거나 호기심으로 찾아봤을 수도 있지요. 이때 아이를 무작정 다그치는 것은 도움이 되지 않습니다. 인터넷에 올라와 있는 모든 정보가 다 옳은 것은 아니며, 항상 비판적인 시각으로 바라봐야 한다는 점을 배우는 기회로 삼으세요. 다양한 관점에서 생각하고 판단하는 것을 배울 수 있도록 가르치는 것이 좋습니다. 아이가 적절하지 못한 콘텐츠를 봤다면 "이 영상은 좋지 않은 영상인데 어떤 이유 때문일까?", "여기서 하는 말은 정말 사실일까?", "이런 것을 만드는 사람들은 왜 만든 걸까?" 등의 질문을 통해 대화를 나누세요. 또는 하나의 주제를 검색하여 콘텐츠마다 또는 채널마다 다루는 사실들이 조금씩 다르다는 것을 경험하는 것도 좋은 방법입니다. 옳고 그른 정보를 아이 스스로 판별할 수 있는 능력을 기를 수 있도록 함께 지켜봐 주세요.

둘째, 창작물을 만들고 타인의 권리 보호하기

온라인은 아이가 자신의 개성과 재능을 담아 창작물로 만들고 타인과 공유하는 도구가 될 수 있습니다. 아이가 좋아하는 크리에이터나 콘텐츠에 대해 이야기를 나누고, 어떤 점이 좋은지, 내가 만든다면 무엇을 하고 싶은지 대화해 보세요. 사진이나 동영상을 찍고 편집하는 기술을 배우거나 코딩으로 게임이나 애니메이션을 만들어 볼 수 있어요.

더불어 지식재산권에 대해서도 설명해 주세요. 콘텐츠를 만들 때, 아이의 권리가 중요한 것처럼 타인의 권리 역시 중요하고 존중받아야 마땅한 것임을 알아야 해요. 타인의 사진이나 음악, 이미지, 글 등을 함부로 사용하지 않도록 하고, 사용할 때 어떤 과정을 거쳐 사용해야 하는지 배우는 것도 중요하답니다.

셋째, 개인 정보를 소중하게 생각하기

개인 정보란 이름, 주소, 연락처, 직업, 학교 등과 같이 한 개인에 대해 알 수 있는 정보를 말합니다. 인터넷이 발달하며 개인 정보는 온라인을 타고 전 세계로 퍼졌고, 이를 올바르지 못한 방법으로 얻거나 훔쳐 범죄를 저지르는 사람들이 늘어나고 있습니다. 국내에서도 개인 정보 유출로 인해 큰 피해를 본 사례들이 있어요.

  아이들은 온라인 활동을 하며 타인과 끊임없이 소통합니다. 잘 모르는 사람과 이야기하게 될 수도 있지요. 이때 함부로 개인 정보를 남에게 알리거나, 타인의 정보를 얻지 않도록 주의해야 합니다. 또 정보가 유출되었을 때 발생하는 피해에는 어떤 것들이 있는지 알아야 하지요. 실제로 아는 친구를 중심으로 친구추가 하기, 익명으로 참여하는 카톡방이나 커뮤니티에는 들어가지 않기 등 아이와 함께 개인 정보 유출을 막기 위해 어떤 것들을 지킬 것인지 목록을 만들어 보세요.

스팸 **(19쪽)**	스팸 문자나 스팸 메일이 무엇인지, 왜 발송되는지 설명해 주세요. 그리고 그런 내용의 문자나 메일을 받았을 때 어떻게 대처해야 하는지도요. 스팸에 대응하는 힘을 기르기 위해 실제로 스팸을 삭제하고 신고하는 연습을 하는 것도 좋습니다.
개인 정보 보호 **(22쪽)**	개인 정보에는 어떤 것이 포함되는지 함께 읽으세요. 개인 정보를 얻어 내려는 사람들이 그 정보를 통해 무엇을 하려고 하는 건지 알려 주고, 이때 발생할 수 있는 문제에 대해 의견을 나누세요. 실제 사례를 들어 설명하는 것도 좋습니다.
정보의 홍수 **(36쪽)**	지식재산권의 의미와 창작물은 법으로 보호받는다는 사실을 가르쳐 주세요. 타인의 것을 가져와 마치 자기가 한 것처럼 공유하는 '표절'은 법적으로 처벌받을 수 있는 행위임을 인지하도록 도와주세요.
CTRL+ALT+DEL **(47쪽)**	함부로 타인의 사진이나 잘못된 정보를 올려서 발생할 수 있는 상황을 이야기와 그림으로 표현하도록 하세요. 그리고 허락받는 과정과 문제가 발생했을 때 사과하고 삭제하는 방법에 대해 배우는 시간이 필요합니다.

바이러스 조심 (51쪽)	감기나 코로나처럼 온라인에도 바이러스가 있으며, 이 바이러스 때문에 개인 정보가 유출되거나 기기가 망가질 수 있다는 것을 이해해야 합니다. 함부로 링크를 클릭하거나 상의 없이 아무 애플리케이션이나 파일을 내려받지 않도록 안내해 주세요.
가짜 뉴스 (71쪽)	가짜 뉴스가 만들어지는 이유와 그 목적에 대해 설명해 주세요. 워크지에 있는 뉴스가 진짜인지 함께 검색하며 확인하는 것도 좋아요. 이외에도 사람들을 헷갈리게 만드는 가짜 뉴스는 또 무엇이 있는지 찾아보세요.

부모님도 함께하는 개인 정보 지키기

셰어런팅이란 부모가 자녀의 일상을 소셜 미디어에 공유하는 행위를 뜻합니다. '공유'라는 뜻인 Share와 '양육'이라는 뜻인 Parenting의 합성어지요. 물론 다른 부모와 정보를 공유하고 아이의 성장 과정을 기록하는 데 도움이 될 수 있습니다. 하지만 공유된 내용을 통해 아이의 신상을 훔쳐 범죄에 활용하는 사건도 증가하고 있어요. 그뿐만 아니라 아이가 허락하지 않은 사진을 부모라는 이름으로 소셜 미디어에 올리는 것은 아이의 권리는 침해하는 행동이 될 수도 있답니다. 그러므로 다음의 정보가 공유되지 않도록 주의를 기울여야 합니다. 특히 아이가 소셜 미디어를 이미 사용하거나, 인지하고 있는 나이라면 미리 동의를 구하는 것이 좋습니다.

다음의 정보가 공유되지 않게 주의하세요.
- 학교, 학원, 문화센터, 아파트 등 아이의 동선을 파악할 수 있는 사진
- 아이 이름, 생년월일 등의 신상에 대한 정보
- 아이의 나체 사진 또는 생리 현상 중인 모습을 찍은 사진

- 아이가 직접 거절 의사를 표시한 사진

6. 사이버 폭력·범죄로부터 나를 보호하기

분명 온라인은 새로운 기회와 도전의 장이자 다양한 경험을 제공하는 곳입니다. 하지만 그만큼 여러 위험에 노출될 가능성도 많지요. 그래서 부모는 항상 온라인 활동을 하는 아이의 모습을 자세히 관찰하여 행동이나 감정에 변화가 생기는지 주시해야 합니다. 또한 혹시 모를 폭력이나 범죄에 대비하여 대처하는 방법도 가르쳐야 하지요.

특히 사이버 폭력과 범죄에 대해서는 더욱 신경을 써야 합니다. 사이버 폭력은 온라인 공간에서 일어나는 다양한 형태의 폭력으로, 메신저 단체 대화방이나 소셜 미디어 등을 이용해 특정 대상을 지속적이고 반복적으로 괴롭히는 행동을 말합니다. 최근 발생하는 학교 폭력은 오프라인에서 이루어지기보다 온라인을 통해 은밀하게 진행되는 경우가 많습니다. 그래서 부모나 교사가 쉽게 알아채기 어렵지요. 게다가 학교에서뿐만 아니라 집에 와서도 24시간 내내 괴롭힘을 당하는 경우가 빈번하게 발생하고 있습니다.

아직 감정을 표현하고 정리하며, 문제 상황에 대처하는 방법이 미숙한 아이들은 자기도 모르는 사이 피해자에서 가해자가 되기도 하고, 목격자에서 방관자가 되기도 합니다. 더 큰 문제는, 어른에게 도움을 요청하기 어렵다는 것입니다. 온라인 활동 자체를 문제시하는 어른에게 오히려 혼날까 봐 숨기는 경우가 많아요. 그러니 아이가 온라인에서 겪은 문제를 이야기할 때는 이야기에 귀 기울이고 함께 해결하려는 모습을 보여 주세요.

*사이버 폭력 피해 유형

- 떼카 : 카카오톡 단체 대화방에 특정 학생을 초대하여 단체로 욕설을 하거나 괴롭히는 행위
- 방폭 : 단체 대화방으로 피해 학생을 초대한 뒤 한꺼번에 나가버려 피해 학생만 남겨 놓는 행위(온라인 왕따)
- 카톡 감옥 : 욕설 등을 참지 못한 피해 학생이 단체 대화방을 나가면 끊임없이 초대하여 괴롭히는 행위
- WIFI 셔틀 : 스마트폰 핫스팟 기능을 이용하여 피해 학생의 데이터를 무제한으로 빼앗아 사용해 금전적으로 피해를 주는 행위
- 기프티콘 셔틀 : 카카오톡 이모티콘이나 현금 대신 쓸 수 있는 기프티콘을 강제로 선물하게 하여 갈취하는 행위

아이가 지나치게 스마트폰을 붙들고 있거나 심리적으로 불안해 보인다면, 혹시 사이버 폭력에 노출된 것은 아닌지 살펴보세요. 만일 피해를 봤다면 증거를 잘 수집한 후, 학교폭력상담 117등을 통해 도움을 받아야 합니다. 또 사이버 폭력 외에도 불특정 다수에게 발생할 수 있는 사이버 범죄에 대해서도 아이에게 미리 가르쳐 주세요. 무엇보다도 부모는 항상 아이의 편이며 네 상황을 언제든 듣고 도울 준비가 되어 있다고 이야기해 주세요.

네 느낌이 맞아! (37쪽)	아이가 불쾌한 메시지를 받거나 친구로부터 상처가 되는 메시지, 사진을 받았을 때 어떻게 대처해야 하는지 이야기하며 구체적인 행동 방안을 함께 적어 보세요. 무엇보다 아이가 안전하게 대화할 수 있는 대상이 부모라는 것을 확신하도록 도와주세요.
디지털 보호자 (38쪽)	평소에 잘 대처할 수 있다고 생각했던 아이들도 막상 문제 상황에 노출되면 어떻게 해야 할지 모르는 경우가 많습니다. 그러므로 도움을 요청할 수 있는 사람들을 가능한 한 많이 구체적으로 떠올리고 적도록 지도해 주세요.
피싱을 조심해! (52쪽)	피싱이 무엇인지 구체적으로 알려 주세요. 워크북에 적힌 내용을 하나씩 소리 내어 읽으며 아이가 정확하게 이해하지 못하는 단어나 상황에 대해 설명하고, 피해를 당하지 않으려면 어떻게 해야 할지도 이야기를 나누세요.
네가 누군지 알고? (53쪽)	오프라인에서 낯선 사람을 조심해야 하듯, 온라인에서도 낯선 사람을 조심해야 합니다. 온라인 세상에서의 안전과 관련된 단어를 찾아보는 활동을 통해 단어의 뜻을 자연스럽게 설명해 주세요.
사이버 폭력 (58쪽)	아이와 함께 '폭력'이 무엇인지 생각해 보세요. 온라인에서도 똑같이 폭력이 일어날 수 있으며, 내가 피해자가 될 경우 어떤 순서로 대응해야 하는지, 또 가해자가 되지 않으려면 어떻게 해야 할지도 의견을 나눠 보세요.
도움을 요청하는 법 (64쪽)	아이들은 실제로 문제가 발생했을 때 주변 사람에게 도움을 청해야 한다는 것은 알지만 어떻게 말을 꺼내야 할지 잘 몰라 망설이는 경우가 많습니다. 말풍선을 함께 채우면서 어떠한 말로 도움을 청할 수 있을지 떠올리게 해 주세요.

7. 온라인 사용 조절

1) 미디어를 사용할 때 가장 중요한 것은 바로 '규칙'입니다.

아이가 미디어를 잘 사용한다는 것은 잘 시작하고 잘 끝내는 것을 의미합니다. 지혜롭게 미디어를 사용하기 위해서는 '언제', '얼마나', '무엇을' 사용할 수 있는지에 대한 '기준'이 필요하지요. 그 기준이 바로 [미디어 사용 규칙]입니다. 규칙을 토대로 미디어 사용 습관을 연습해야 아이에게 '조절력'이 생기기 때문입니다. 아이가 스스로 시작하고 멈출 힘을 길러야 청소년기와 그 이후에도 지나친 몰입 없이 건강하게 미디어를 사용할 수 있습니다. 하지만 대부분의 가정에서는 규칙 없이 미디어에 노출되거나, 규칙은 있지만 부모의 필요에 의해 잘 지켜지지 않는 경우가 많습니다.

부모가 미디어를 사용하는 습관도 마찬가지입니다. 아무 때나 규칙 없이 사용하는 부모의 모습을 보고 결국 아이들도 그 모습을 따라가게 됩니다. 『멈추지 못하는 사람들』(애덤 알터 저, 2019)에서는 부모의 미디어 사용에 대한 아이들의 대화가 나옵니다.
"우리 엄마는 거의 항상 저녁 식탁에서 아이패드를 보고 있어요. 뭐하냐고 물어보면 언제나 '잠깐 확인할 게 있어' 라고만 대답해요."
"아빠는 놀이터에 나가서 그네를 밀어주면서도 스마트폰 게임을 해요."

어쩌면 우리 아이들도 지금 우리 모습을 보고 이렇게 말하지 않을까요? 아이에게 미디어 사용 규칙을 잘 가르치고 싶다면, 우선 우리 가족 내에 부모와 아이가 함께 지킬 수 있는 규칙이 명확하게 존재하는지부터 점검해야 합니다. 만약 없다면 가장 먼저 규칙을 만들어야 합니다.

* 효과적인 규칙 세우기와 적용법

◆ **나이에 따라 다른 규칙을 세우기** : 아이가 자라면서 콘텐츠의 영역이 넓어지고 종류도 다양해집니다. 따라서 상황에 따라 규칙을 조절하는 유연성이 필요해요. 물론 규칙을 잘 지키는 것도 중요하지만 아이가 규칙을 잘 지킬 수 있도록 유도하는 과정도 꼭 필요합니다.

◆ **아이와 상의하며 규칙 조정하기** : 규칙은 잘 시작하고 잘 끝내기 위해 만든 것입니다. 아이의 자기 조절력을 위한 것이지요. 아이가 잘 지키지 못한다면 원인을 파악하고 아이가 힘들어하는 부분을 조절할 수 있어요. 무리한 기준보다 현실적인 기준이 더 효과적이랍니다.

◆ **규칙을 기억할 수 있는 질문 던지기** : 온라인 활동을 시작하기 전에 규칙을 떠올릴 수 있는 질문을 하거나, 약속한 시각이 다가올 때 상기시켜 주세요. 아이 스스로 조절하고 멈출 수 있는 의지를 기를 수 있습니다.

질문예
"오늘은 허용된 시간은 몇 분이지?"
"오늘은 어떤 활동을 할 거니?"
"이제 10분 남았네. 지금 보는 것까지 다 볼 수 있겠다."
"약속 시간이 되면 스스로 잘 끌 수 있지?"

◆ **공간에 대해 생각하기** : 온라인 활동을 하는 공간과 환경에 대해 의견을 나누어 보세요. 예를 들어 영상은 거실에서만 본다거나, 공부하는 방에는 태블릿 PC를 가지고 들어가지 않는다는 등의 규칙을 정할 수 있어요. 공간을 중심으로 규칙을 세우면 아이가 기억하고 지키기가 더 수월하고 위험 요인을 방지하는 데도 도움이 된답니다.

- **아이가 잘 끝낼 수 있도록 격려하기** : 처음부터 규칙을 잘 지키기란 어렵습니다. 잘 시작하고 잘 끝내는 성공 경험이 쌓여야만 해요. 처음 연습할 때에는 부모가 적극적으로 관여해야 합니다. 아이에게 기회를 주고 해냈을 때 충분한 칭찬을 해 주세요. 온라인 활동 후에는 오프라인에서 아이가 즐길 수 있는 다양한 활동들을 제시하는 것도 추천합니다.

- **미디어 기기에 대한 권한은 부모에게** : 미디어 기기에 대한 권한을 부모가 가져야 합니다. 아무리 규칙이 명확하다고 해도 스마트폰, 태블릿 PC, 텔레비전, 노트북과 같은 기기를 아이가 언제든 만지고 켤 수 있다면 규칙은 일관되게 적용될 수 없습니다. 아이가 부모 허락 없이 미디어 기기를 마음대로 가져가지 못하도록 하세요. 또한 아이 소유의 기기라 하더라도 사용할 때는 반드시 부모의 허락과 규칙하에서 이루어지는 것임을 명확하게 가르쳐야 합니다.

온라인·오프라인! 헌장 (49쪽)	내가 지킬 수 있는 규칙을 스스로 정하도록 기회를 주세요. 지킬 수 없는 규칙을 억지로 세우거나 부모의 요구대로 세우기보다 스스로 무엇을 지킬 수 있는지 생각하고 한두 가지라도 스스로 적는 경험이 중요합니다.
뇌가 피곤해 (66쪽)	무엇이든 너무 많이 하는 것은 몸과 마음을 지치게 한다는 것을 이 활동으로 이해하게 도와주세요. 더불어 온라인 세상에서의 활동은 눈과 뇌를 모두 힘들게 한다는 것도 알려 주세요.
꿀잠 준비 (86쪽)	잠자기 1시간 30분 전부터는 디지털 기기를 사용하지 않는 것이 좋다는 것을 설명해 주세요. 무엇을 하며 잠자리에 들 준비를 할 수 있을지 이야기해 보세요.

잘 자, 디지털 기기야 (87쪽)	우리 가족의 디지털 기기를 밤새 보관해 줄 집을 만들어 보세요. 재활용 물품을 사용해도 좋고, 바구니를 꾸미는 것도 좋아요. 이름을 지어 주거나 가족의 규칙을 적을 수도 있어요.
재부팅 시간 (88쪽)	잘 자기 위해 필요한 것을 그리거나 적도록 해 주세요. 음악, 엄마, 인형, 베개, 이불 등 실제로 가지고 있거나 있었으면 좋을 것 모두 자유롭게 표현하세요.
가족과 함께하는 시간 (90쪽)	오프라인 세상에서 가장 중요한 것은 가족입니다. 우리 가족이 함께 있을 때 할 수 있는 활동을 생각해 보세요. 워크북에 나온 활동을 하나씩 실천하는 것도 좋고, 가족의 특성에 따라 내용을 바꾸어 적용해도 좋아요.
우리 가족 이야기 (93쪽)	우리 가족의 온라인 사용 규칙, 온 가족이 지켜야 하는 규칙 한두 가지를 함께 의논해 적으세요. 아이 혼자 지키는 규칙이 아니라 가족이 함께 할 때, 아이는 더욱 잘 지킬 수 있어요.

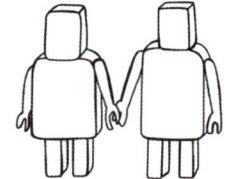

◆ **우리 집에는 미디어 사용 규칙이 있을까? 체크해 보세요!**

❶ 부모가 설정한 미디어 사용 시간에 대한 명확한 규칙이 있다. ☐

❷ 아이가 스마트폰, 태블릿 PC를 통해 어떤 것들을 하는지 안다. ☐

❸ 아이가 즐겨 보는 영상 콘텐츠나 주로 사용하는 애플리케이션이 무엇인지 안다. ☐

❹ 좋지 않은 콘텐츠를 보지 않도록 차단하거나 별도의 관리를 한다. ☐

❺ 아이는 우리 집 미디어 사용 규칙에 대해 정확히 인지하고 있으며 자주 이야기한다. ☐

❻ 온 가족이 디지털 기기를 멀리하고 이야기를 나누거나 함께 ⋯⋯ ☐
　보내는 시간을 정기적으로 갖는다.

❼ 아이에게 스마트폰 등을 활용하여 영상 시청 외에 다양한 기능 ⋯⋯ ☐
　(사진 찍기, 공유하기, 영상 만들기, 업로드 등)을 사용하도록 가르치는 편이다.

❽ 아이가 하는 게임, 보는 영상에 대해 아이와 공유하고 자주 이야기한다. ⋯⋯ ☐

❾ 잘한 일에 대한 보상으로 시간 외에 영상을 보도록 허락하지 않는 편이다. ⋯⋯ ☐

❿ 미디어 사용 규칙에 아이의 의견이 반영되는 편이다 ⋯⋯ ☐
　(언제 사용할지, 얼마나 할지, 언제 멈출지 등).

◆ **체크한 개수** 　　　　　　　　　　　　　　　　　　　　　　개

0–3개 ▸ 오늘부터 규칙 만들기를 시작하세요!
　　　　　언제 미디어를 사용할 수 있는지, 또 언제 어떻게 멈춰야 하는지 잘 모르는
　　　　　상태에요. 아이에게 좋지 않은 콘텐츠가 특별한 제한 없이 노출될 수 있어요.

4–7개 ▸ 규칙을 만들기 위해 노력 중이군요!
　　　　　모두가 알고 지키려 노력하는 미디어 사용 규칙이 있어요. 부모는 적극적
　　　　　으로 아이를 도울 수 있고 아이의 미디어 활동에 대해 알고 있어요.

8–10개 ▸ 이미 규칙을 잘 지키고 있군요!
　　　　　미디어 사용에 대한 명확한 규칙이 있어요. 미디어를 활용한 다양한 활동에
　　　　　대해 부모와 아이가 함께 대화하며, 다양한 방식으로 건강하게 사용할 수
　　　　　있도록 서로 협조해요.

2) 잘 끝내려면 대안 활동을 제시하세요.

부모인 우리도 재미있는 드라마를 한번 보기 시작하면 쉽게 멈추지 못하고 밤을 새우는 경우가 있지요? 아이들도 마찬가지입니다. 온라인 세상에서 만난 새롭고 신기한 것들이 아주 강렬하고 즐거운 자극이기 때문입니다. 그래서 미디어 활동을 끝내고 나면, 아이는 스스로 할 수 있는 활동을 떠올리기 쉽지 않습니다. 특히 부모의 제제에 의해 활동을 멈춘 경우라면 아쉬움 때문에 더욱 끝내기 어렵지요.

따라서 규칙대로 즐겁게 사용하고 잘 끝내기 위해서는, 미디어 활동 외에도 아이가 즐겁게 시간을 보낼 방법을 많이 알아야 합니다. 영상 시청이나 미디어 기기를 가지고 노는 일 외에 아이가 즐겁게 할 수 있는 놀이는 무엇이 있을지 함께 이야기해 보세요. 혼자 하는 놀이와 부모나 친구와 함께하는 놀이 등으로 구분하여 정해두면 활동을 결정하는 데 도움이 됩니다.

질문예
"영상 다 보고 나서 읽고 싶었던 책을 읽을까?"
"다 봤으면 친구랑 놀이터에 갈래?"
"보고 나서 아까 하던 놀이를 해도 좋겠다."
"게임 끝났니? 이제 무얼 할지 생각해 둔 것이 있어?"

로봇과 함께 요가 **(30쪽)**	디지털 기기를 오래 사용하면 할수록 거북목, 허리디스크 등 질병을 유발할 수 있습니다. 워크북에 나온 동작을 아이와 함께해 보세요. 꾸준한 연습을 통해 몸과 마음을 평온하게 유지하는 방법도 배울 수 있습니다.

로봇들의 전쟁 **(48쪽)**	우리의 삶에는 온라인과 오프라인이 공존하지만, 어느 한쪽에 지나치게 치우쳐서는 안 됩니다. 온라인 세상과 오프라인 세상에서 어떤 것들을 좋아하는지 적으며 온라인 활동을 하지 않을 때 어떤 놀이를 할 수 있는지 떠올릴 수 있게 해 주세요.
땀이 뻘뻘 **운동 시간!** **(54쪽)**	온라인 활동은 보통 앉아서 하는 정적인 활동이 많습니다. 그러므로 오프라인에서는 몸을 움직이는 활동을 하는 것이 좋아요. 부모나 교사가 아이와 함께 제시된 운동을 하나씩 하거나, 주사위를 만들어 게임처럼 진행해 보세요.
전원이 **꺼집니다** **(62쪽)**	온라인 활동을 하지 않을 때 무엇을 해야 할지 몰라서 쉽게 멈추지 못하는 아이들이 많습니다. 디지털 기기를 사용하지 않을 때 혼자, 또는 친구나 부모와 할 수 있는 활동을 가능한 한 많이 적으세요. 벽에 붙여두는 것도 추천합니다.
행복을 부르는 **동서남북 놀이** **(68쪽)**	온라인 활동을 하지 않을 때 아이와 할 수 있는 놀이입니다. 설명에 따라 동서남북을 접고, 나오는 지시에 따라 놀이를 해 보세요. 이외에도 도안을 이용해 종이접기를 하며 스트레스도 풀고 집중력도 높일 수 있습니다.
나만의 로봇 만들기 **(76쪽)**	재활용 물품으로 실제 로봇을 만들어 보세요. 또는 노트북이나 스마트폰 같은 디지털 기기를 만들 수 있습니다.

* 아이의 욕구를 채워 주는 대안 활동

새로운 자극을 좋아하는, 에너지 수준이 높은 아이	자신이 좋아하는 주제가 분명하며 자기 활동에 몰입하는 아이
특징: 호기심이 많고 강한 자극을 좋아해요. 강한 미디어 자극으로 일상생활의 자극은 밋밋하게 느끼거나 흥미를 잃어버리기도 해요. **활동:** 정적인 활동보다 동적인 활동이 좋아요. 신체를 많이 사용하고 에너지를 발산할 수 있는 활동이나 아이가 적극적으로 참여할 수 있는 활동이 좋아요. **활동 예:** 바깥놀이, 퍼포먼스 미술놀이, 나만의 유튜브 만들기, 각종 체험이나 답사 등	**특징:** 관심 있는 주제에 깊게 몰두하기 때문에 규칙이 없는 경우, 미디어에 지나치게 몰두할 수 있어요. **활동:** 함께 공유할 수 있는 주제로 접근하는 것이 좋아요. **활동 예:** 미디어 활동을 통해 알게 된 사실을 엄마, 아빠에게 발표하기, 관심 있는 주제를 다룬 책 읽기, 인터넷에서 본 실험 똑같이 해 보기, 레고나 퍼즐과 같이 몰두하여 완성하는 놀이 등
사람들과 관계 맺는 것을 좋아하는 아이	**감수성이 풍부하고 감각이 민감한 아이**
특징: 미디어에 빠지는 경우는 드물지만, 학년이 올라갈수록 일상에서 채우지 못한 관계의 욕구를 미디어로 충족시키고자 몰두하기도 해요. **활동:** 부모와 친구 등 실제 주변 사람들과 안정감 있는 관계를 맺으며 함께할 수 있는 활동이 좋아요. **활동 예:** 친구들과 놀이하기, 배드민턴이나 축구처럼 함께 하는 운동, 규칙이 있는 보드게임 등	**특징:** 같은 자극에도 다양한 감정을 느끼며 적극적으로 표현해요. 미디어 사용은 즉각적인 즐거움은 주지만 다채로운 감수성을 채워 주지는 못하기 때문에 오히려 더 민감하게 반응하기도 합니다. **활동:** 감각적으로 부담이 없는 재료로 감정과 생각을 표현하는 활동이 좋아요. **활동 예:** 자기만의 책 만들기, 그림 그리기와 만들기 같은 표현 활동 등

3) 오프라인 마음챙김

'팝콘 브레인'이라는 말을 들어보셨나요? 이는 팝콘이 터지는 것처럼 강하고 즉각적인 자극에만 반응하고, 일상적이고 평범한 자극에는 주의를 기울이지 못하는 현상을 말합니다. 스마트폰과 디지털 기기에 오래 노출될수록 이런 증상이 심해지지요. 이러한 뇌는 길가에 핀 예쁜 꽃이나 산 위에서 바라보는 멋진 풍경에 아무 감흥을 느끼지 못합니다.

마음챙김은 과도한 자극 속에서 지친 뇌와 마음을 쉬게 합니다. 주의력과 집중력, 자기 조절력을 키우는 데 아주 효과적인 방법이지요. 미국과 유럽 등 많은 나라에서는 이미 초등학교부터 마음챙김을 도입하였고, 우리나라도 마음챙김의 중요성을 깨닫고 도입하려는 움직임을 보이고 있습니다. 이 책은 아이도 쉽고 흥미롭게 따라 할 수 있는 여러 마음챙김 방법을 소개하고 있습니다. 아이와 꼭 함께해 보시길 바랍니다.

긴장을 풀어 주는 호흡법 (26쪽)	호흡법은 다소 생소한 활동이지만, 들리고 보이는 것을 느끼며 호흡할 수 있도록 도와주세요. 삼각형을 그리며 호흡하면 점차 긴장이 풀리는 것을 느낄 수 있습니다.
주변 소리에 귀 기울이기 (39쪽)	빠르고 강렬한 영상과 자극적인 소리는 아이의 감각을 둔하게 만들어 미묘한 변화를 알아차리기 어렵게 만듭니다. 아이가 잠시 행동을 멈추고 자연스럽게 들리는 소리에 집중하는 경험을 하도록 해 주세요. 서로 어떤 소리를 들었는지 이야기를 나누는 것도 좋아요.
한 걸음 물러서서 (44쪽)	온라인 활동을 마친 후 집 주변에서 편안한 공간을 찾아보고 어떤 것들이 보이는지 이야기를 나누세요. 그림을 그리는 것도 좋아요.

생각 내보내기 **(60쪽)**	너무 많은 정보를 만나거나, 빠르고 강한 자극을 온라인에서 접하면 우리의 생각 공간이 가득 찰 수 있습니다. 내 머리에서 버리고 싶은 생각을 적거나 실제로 구름을 보면서 날려 보내는 활동을 통해 머리를 비우는 연습을 하세요.
마음이 편해지는 **보물 상자** **(70쪽)**	재활용할 수 있는 종이 상자로 직접 꾸미고, 나를 즐겁게 해 주는 놀잇감이나 소중한 것을 찾아 담는 활동을 해 보세요. 나중에 다시 들여다볼 때, 마음이 평온해지고 행복해지는 것을 느낄 수 있을 거예요.
자연 속에서 **자연스럽게** **(74쪽)**	빠르고 자극적인 온라인 생활에 익숙해지면 자연의 작은 변화를 알아채기 어려워요. 감각이 점점 둔감해지지요. 아이가 흙을 만지고 바람을 느끼고 나무의 변화를 발견하게 해 주세요. 아이와 매일 산책하는 루틴을 만드는 것도 좋습니다. 어른과 아이 모두 회복하는 시간이 될 거예요.
마음 챙기기 **(78쪽)**	내가 좋아하는 것, 내 마음이 원하는 것에 집중하는 연습은 아이에게 좋은 자원이 될 수 있어요. 잡지나 그림에서 아이가 좋아하는 것, 마음을 편안하게 하는 것을 찾아 콜라주처럼 표현하는 것도 재미있답니다.
나를 채우는 **명상의 시간** **(80쪽)**	호흡법이 어느 정도 연습이 되었다면 간단한 명상을 할 수 있어요. 부모나 교사가 지시문을 순서대로 읽어 주고 아이가 따라오도록 하세요. 차분하게 앉아 온라인과 오프라인 세상에서 지친 몸과 마음을 회복하는 시간을 가지세요.
프랙털 **(85쪽)**	반복되는 모양을 세밀하게 색칠하는 활동은 아이가 무언가에 집중하며 자극받았던 뇌를 쉬는 데 도움이 됩니다. 또 다른 그림을 찾아 인쇄한 다음, 아이와 함께 색칠하며 머리를 비우는 활동을 해 보세요.

가장 중요한 것은 부모와 아이와의 관계입니다

 오프라인 세상에서 아이와 부모의 탄탄한 유대 관계가 중요한 것처럼, 온라인 세상에서도 '부모와의 관계'는 매우 중요합니다. 아이가 온라인 세상에서 건강하게 활동하고 맞닥뜨린 어려움을 지혜롭게 헤쳐 나가기 위해 꼭 필요하지요.

 많은 연구자들에 따르면, 지나치게 강압적이고 통제적인 부모 또는 지나치게 방임하고 허용하는 부모 밑에서 자란 아이들이 온라인 세상에 매몰되어 디지털 기기 중독 행동을 보일 가능성이 높다고 합니다. 정서적 안정이 채워지지 않거나 자기 조절을 연습하지 못하면 온라인이 주는 자극에 쉽게 빠져들게 되는 것이지요. 반대로 평소에 부모로부터 이해와 지지를 받고 상호작용이 잘 되는 아이들이 더 건강하게 온라인을 사용한다고 합니다. 부모를 통해 얻은 정서적 안정감이 혼란스러운 온라인 세상에서 힘을 발휘하는 셈입니다.

 대부분 부모님들이 온라인과 디지털 기기에 부정적인 생각을 갖고 있습니다. 하지만 이렇게 생각하면 어떨까요? 아이가 자기 조절법을 배우고 연습하는 기회로요. 강력한 자극인 미디어를 조절하고 현명하게 사용할 줄 아는 아이는, 다른 자극에 대해서도 스스로 조절하고 멈출 수 있습니다.

 온라인 세상은 이미 아이들의 살아갈 새로운 미래이자 기회입니다. 디지털 기기를 잘 사용해 새로운 콘텐츠를 만드는 활동은 훗날 직업 세계에서의 가치가 더욱 높아질 것입니다. 그래서 우리는 디지털 기기와 온라인 세상을 단순히 즐기기 위한 수단이 아닌, 생산 수단으로 사용하게끔 적극적으로 도와야 합니다.

아이가 활동하는 온라인 세상을 경계하고 두려워하지 마세요. 아이들의 새로운 놀이터에 함께 들어가 시간을 보내세요. 자신의 고유성을 사랑하고 더 멋진 방법으로 표현할 수 있도록 지지해 주세요. 이 책을 통해 새로운 배움터이자 기회의 장인 온라인 세상에서, 우리 아이들이 최고의 시간을 보내길 바랍니다.

디지털 기기, 스마트하게 관리하는 법

• 불필요한 애플리케이션은 정리하자!

: 아이가 사용하지 않거나, 아직 필요하지 않은 애플리케이션은 부모의 관리하에 정리하세요.

• 애플리케이션에 따라 잠금 기능을 설정하자!

: 필요한 경우, 애플리케이션에서 제공하는 잠금 기능을 설정하세요. 무분별한 접속을 막을 수 있어요.

• 구글 패밀리링크와 가족공유기능을 활용하자!

: 스마트폰 사용에 대한 규칙을 정할 수 있어요. 하루 동안 스마트폰을 사용할 수 있는 시간을 설정하거나 애플리케이션 설치 전에 승인을 받는 과정을 추가할 수 있어요. 또 해로운 콘텐츠를 미리 차단할 수 있지요.

- **유튜브 알고리즘을 관리하자!**

  : ① 유튜브는 사용자가 구독하는 채널과 재생 기록에 따라 특별한 알고리즘을 제공해요. 해로운 영상에 한 번 노출되면 지속적으로 노출될 수 있으니, 미리 관리해야 합니다. 가능하면 부모와 따로 시청할 수 있도록 '유튜브 키즈' 애플리케이션을 활용하세요.

  : ② '관심 없음'과 '채널 추천 안 함' 기능을 활용하세요. 해로운 영상이나 관심이 없는 영상에서 '관심 없음'을 클릭하면 영상이 더 이상 노출되지 않습니다. 한 채널에서 두 개 이상의 영상을 '관심 없음'으로 설정하면 앞으로 그 채널은 알고리즘에 나타나지 않지요. 또한 '채널 추천 안 함'을 선택하면 해당 채널이 다시 표시되지 않습니다.

- **키즈 모드를 활용하자!**

  : 넷플릭스나 디즈니 플러스 등의 OTT(Over The Top) 사이트에서 운영하는 키즈 모드를 사용하세요. 이미 검증된 전용 콘텐츠를 즐길 수 있답니다.

우리 집 미디어 사용 규칙

처음 정한 규칙을 바꿔야 하거나 새로운 규칙이 필요한가요?
여기에 다시 적으세요!